EL
TRAGALUZ

Experimento en dos partes

THE SCRIBNER SPANISH SERIES
General Editor, CARLOS A. SOLÉ
The University of Texas at Austin

ANTONIO
BUERO
VALLEJO

EL TRAGALUZ

Experimento en dos partes

Edited by

Anthony M. Pasquariello

University of Illinois, Urbana

and

Patricia W. O'Connor

University of Cincinnati

Charles Scribner's Sons
New York

Copyright © 1977 Charles Scribner's Sons
© Antonio Buero Vallejo 1967

Library of Congress Cataloging in Publication Data

Buero Vallejo, Antonio, 1916-
  El tragaluz.

    Spanish, with pref. and introd. in English.
    Bibliography: p. 17
    1. Spanish language—Readers. I. Title.
PQ6603.U4T7   1977   468'.6'421   76-51775
ISBN 0-684-14875-7 pbk.

1 3 5 7 9 11 13 15 17 19 M/P 20 18 16 14 12 10 8 6 4 2

Printed in the United States of America

to

Alex, Mike, Erin, Carlos, and Enrique

«Quizá ellos, algún día . . .»
(El tragaluz, p. 135)

PREFACE

We are pleased to make available to students this first American edition of *El tragaluz*, the longest-running of Antonio Buero Vallejo's many successful plays. The direct and practical language makes this work particularly appropriate for language classes at the intermediate level, and the portrayal of contemporary problems of a universal nature in the context of a peculiarly Spanish situation provides opportunity for a stimulating exchange of ideas in more advanced classes of composition and conversation or introduction to literature. *El tragaluz* may also be studied very profitably in undergraduate and graduate courses on contemporary Spanish theater as representative of the concerns and dramatic techniques of Spain's major contemporary dramatist.

No other play by a contemporary Spanish dramatist has enjoyed more printings by more publishers than has *El tragaluz*. The present edition differs in several important respects from the previous ones. Because Spain continues the practice of two performances a day, Buero eliminated approximately ten minutes of dialogue during rehearsals in order to allow the play to conform to stringent time limitations. Our text utilizes the streamlined stage version and includes in footnotes two passages that censors had required the author to alter as a condition of performance.

The introduction represents a slight departure from standard practice also. Rather than provide a general overview of the author's life and works—a valuable contribution already competently performed in other textbooks—we have chosen to focus attention on (1) the human aspects of the playwright; (2) the restrictive milieu in which he writes; and (3) the play itself. We hope that our remarks will serve as guides to an assimilation of the subtle interaction of thought, character, action, and spectacle as well as to an appreciation of some of the factors operative in the play's composition. Our brief observations, however, should in no way preclude further or differing analyses of the play. On the contrary, we hope that readers will enlarge on clues provided and explore other aspects of the work independently. As an open, modern tragedy of the human condition, *El tragaluz* lends itself to a variety of interpretations.

The editorial apparatus offers linguistic aids for students and a variety of options for instructors. Phrases not readily understood by references to the end vocabulary are cited in footnotes, together with their idiomatic English equivalents. Words in these constructions do not appear in the end vocabulary unless used elsewhere.

The exercises following the play offer a variety of material. For convenience, we have divided the play into sections of approximately five pages, and for each section there is a four-part series of exercises: *Palabras y expresiones útiles*, *Preguntas*, *Temas para conversación o composición*, and *Ejercicios*. We recommend a brief review of the *Palabras* and *Ejercicios* prior to reading the text. This will minimize the task of referring to the end vocabulary and facilitate the comprehension of syntactic difficulties.

Two types of questions focus on important actions and ideas, serving as a guide to understanding the play as well as stimulating thought and conversation. The *Preguntas* refer specifically to the progress of the dramatic action, while the *Temas para conversación o composición* deal with the students' own opinions and experiences, using the play as a point of departure. These questions may be used for classroom discussion, composition practice, or both.

In the *Temas para estudiantes de literatura*, we attempt to alert the more advanced student to ideological implications of character, spectacle, and action. We believe that consideration of these themes will assist in a creative integration and interpretation of the work as a whole.

We have selected for the bibliography books and articles that deal in some way with *El tragaluz*. For broad bibliographical information, we recommend that included in Ricardo Doménech's book, *El teatro de Buero Vallejo*.

We wish to express our gratitude to Antonio Buero Vallejo for his permission to publish this edition of his most successful play. We are also indebted to Dr. John Kronik, whose critical acumen we highly respect, for his careful reading of the manuscript and for his valuable suggestions.

CONTENTS

INTRODUCTION

CONFRONTATION AND SURVIVAL: ANTONIO BUERO VALLEJO AND *EL TRAGALUZ*

1. ANTONIO BUERO VALLEJO

In a modest apartment building on Madrid's middle-class Hermanos Miralles Street lives Spain's foremost dramatist, Antonio Buero Vallejo. Sharing his rather old-fashioned yet comfortable quarters are his actress wife, Victoria Rodríguez, who has played major roles in several of his works; their two sons, Carlos (born 1961) and Enrique (born 1962); and his mother-in-law, Doña Francisca ("Paquita") Clavijo, a retired actress. While Buero could afford more luxurious surroundings, he elects to remain in the family home of years past, purposely disdaining material ostentation of any kind as well as the various machines and gadgets advertised as essential to happiness today. He rejects with particular verve the latest "necessity" in Spain's burgeoning economic development: the automobile. He lives simply, spends most of his time at home, and writes at his own measured pace. Despite temptations to live and work abroad, even briefly, Buero refuses to leave Spain, feeling his duty is to show a personal solidarity with his Spanish brothers in these difficult, decisive times.

Although by nature serious, intellectual, and somewhat melancholy, Buero displays on occasion a delightful sense of humor and a marvelous talent for mimicry. In the presence of small children, whose

1

Antonio Buero Vallejo with his sons, Carlos (right) and Enrique.

candor transforms him, the usually introspective Buero becomes another child, sitting happily on the floor fashioning paper birds, working puzzles, or playing make-believe games.

Antonio Buero Vallejo was born in Guadalajara, Spain on September 29, 1916. His family, like the one in *El tragaluz*, consisted of two brothers and a younger sister. As a child, he enjoyed playing with his cardboard theater and showed special aptitude for art and literature. After graduation from high school in 1934, Buero left Guadalajara to study painting at Madrid's San Fernando Academy. Shortly thereafter his father, an army officer, was transferred to Madrid, and the reunited family established residence on Hermanos Miralles Street.

When the Spanish Civil War erupted two years later, Buero was twenty years old and already a leader in student organizations sympathetic to the Republic, the democratically constituted government of Spain since 1931. Because the Civil War began as a rebellion of army officers, Buero's father, a military engineer but completely uninvolved in politics, was jailed by Republican officials as a precautionary measure. Despite efforts on his behalf, the elder Buero was shot in the chaotic first days of the war. This event dealt the impressionable young Buero a staggering psychological blow.

During the three-year conflict (1936-1939), Buero served in the Republican medical corps. When the rebel forces of General Francisco Franco—with the important military support of Hitler and Mussolini—succeeded in overthrowing the legitimate government, Buero was in Valencia, one of the last Republican strongholds. As part of a large group of soldiers and other displaced people desperately fleeing for their

Antonio Buero Vallejo at the premiere of *El tragaluz* with his wife, actress
Victoria Rodriguez. FOTO GYENES

lives, he was either unable to board one of the few trains out of Valencia or allowed others to pass ahead of him. No doubt the train incident, so pivotal in *El tragaluz*, is intimately related to Buero's own experience. It was in the Valencia train station, in fact, that he was arrested and taken to the bullring where he and hundreds of others would remain for days before assignment to concentration camps. Although Buero was initially condemned to death, the new government could hardly dispose of all its political prisoners at once, and Buero's name was not called during the period of mass executions at dawn. Eight months later, his sentence was commuted to life imprisonment, and in 1946 he was released on parole. After returning to the family home, he found the resumption of painting difficult and turned to writing. His visual and verbal talents in combination with a deep concern for people led him quite naturally to the theater.

2. SPANISH THEATER IN POSTWAR SPAIN

As a popular, immediate, and highly influential art, the theater has been tightly controlled in Spain since 1939, when the Franco government imposed strict censorship on publications (newspapers, magazines, books) and public communications media (theater, vaudeville reviews, films, nightclub acts, television, radio). Priests, government officials, and other individuals of unquestioned loyalty to the new regime processed the censorship of plays in an informal yet predictable fashion, summarily dismissing all works deemed offensive to the very conservative political and moral order of the ruling establishment.

This rather cavalier approach to theatrical censorship was in force until 1963 when Spain's least reactionary (to date) minister of information, Manuel

Fraga Iribarne, ordered the establishment of specific rules and procedures (including the constitution of a formal committee) for the censorship process. The norms for theater formulated then consisted of thirty-seven articles that demanded only positive presentation of the Spanish government, the Catholic Church, and Francisco Franco, Spain's leader from 1939 to 1975. In addition to requiring a doctrinaire vision of histori- cal events, particularly of the contemporary period, the rules expressly prohibited the justification of sui- cide, mercy killing, vengeance, dueling, divorce, sexual relations outside of marriage, prostitution, abortion, or contraception. Among other prohibitions were "collo- quial expressions" (swear words); images that "offended conjugal love" or provoked "low passion"; images of brutality toward persons or animals; scenes that offended the dignity of the human being or his obliga- tion to defend the homeland; the undignified presenta- tion of political ideologies; the "falsification" of facts, personalities, historical events; works that encouraged hatred between peoples; any pornographic or blas- phemous work; works offensive to "the most elemen- tary standards of good taste."

Theatrical fare in the first decade of the postwar period consisted, understandably, of escapist comedies[1] or quasi-propaganda plays.[2] The latter tended to laud, in spectacular or melodramatic fashion, a return to the traditional values upheld by the new government. The

1. As examples of *teatro de evasión*, we recommend *El landó de seis caballos* by Victor Ruiz Iriarte, *El baile* by Edgar Neville, and *La otra orilla* by José López Rubio. As examples of outlandish (*astracán*) comedy, see *Eloísa está debajo de un almendro* or *Como están mejor las rubias es con patatas* by Enrique Jardiel Poncela.
2. See *Murió hace quince años* by José Antonio Giménez Arnau and *El cóndor sin alas* by Juan Ignacio Luca de Tena.

Civil War, if presented, was shown as a necessary "crusade" to return God, freedom, and peace to a people bewildered and betrayed by alien forces, principally international communism. Because the majority of Spain's intellectuals and writers were dead, in exile, or in political prisons, and because the government forbade any public display of opposition, the long absence of an apologist for the losing side in the Civil War is hardly surprising. *El tragaluz* is, in fact, the first Spanish play to portray the tragic lot of the vanquished with sympathy.

In 1949, after a lapse of fifteen years, the *Ayuntamiento* (city government) of Madrid reinstated its prestigious and lucrative Lope de Vega Prize for the best unperformed play submitted for consideration. Encouraged by friends, Buero entered anonymously, as was the procedure, two of the several plays he had written since his release from prison in 1946. Of the hundreds of works submitted, his *Historia de una escalera* won the coveted prize. It was performed in the Teatro Español in accordance with a provision of the award, despite opposition by those who felt that the government should not honor a former political prisoner.

Historia de una escalera, with its serious implications and tragic tone, opened on October 14, 1949, was enormously successful and had a profound impact on Spanish theater. As critic Ricardo Doménech observed, "*Con* Historia de una escalera *se acabaron las bromas*. Historia *era 'vamos a hablar en serio' frente a 'vamos a contar mentiras' del teatro cómico*."[3] When the play was revived in 1968, José Monleón wrote:

3. Antonio Buero Vallejo, *El concierto de San Ovidio*, *El tragaluz*, ed. Ricardo Doménech (Madrid: Castalia, 1971), p. 15.

*La obra no solamente era un esfuerzo considerable
dentro del teatro español . . . sino el punto de partida
de una nueva actitud generacional . . . . De algún
modo, cuantos se han tomado en serio el teatro en
España durante los últimos veinte años son una conse-
cuencia de aquella* Historia de una escalera. *Allí
empezó todo.* [4]

Although Buero may have written better dramas since
Historia de una escalera, it remains the single most
important play of the postwar period because of the
new directions and dignity it provided for a theater
sadly in need of both.

Since 1949, Buero has seen nineteen of his plays
performed in Spain and several in various other coun-
tries and languages. Although he addresses himself
primarily to Spanish problems, he raises fundamental
human questions that are universal in scope. Best
considered as tragedies, his works feature characters
who search for life's meaning and probe the social
responsibilities of contemporary man. Hampered by
the limitations of their own humanity, these characters
often struggle toward seemingly impossible goals and
ideals. An element of hope, however, is always present.

The serious social and philosophical implications
of Buero's plays have provoked some brushes with
censorship, of course. Because this author has no
interest in writing simple propaganda plays, he has
managed, through subtlety and art, to express himself
authentically within the letter if not the spirit of the
narrow confines of censorship. His oblique references
to contemporary social and political situations slip
through censors' fingers like quicksilver, leaving little

4. *Primer Acto*, no. 96 (May, 1968):66.

to pencil. In fact, only two passages were altered in the original script of *El tragaluz*. (The original wording appears in footnotes in the present text.) While Buero touches upon war in several plays, he neither shows nor suggests battlefields, soldiers, or firing squads; he does not seem to support or criticize any political system, point directly to a "traitor," or illustrate the physical violence associated with war per se. In *El tragaluz*, he alludes to the tragedy of a divided people through the analogy of family conflicts and portrays the demoralization of the defeated. He suggests rather than states the psychological destruction wrought by the war syndrome operative, ironically, in times of "peace."

3. *EL TRAGALUZ*

The 1967 opening of *El tragaluz* in Madrid's finest theater (Bellas Artes) was a theatrical event charged with special anticipation and tension, for there had been no new play by Buero since his enormously successful historical parable, *El concierto de San Ovidio*, in 1962. Most of the opening-night audience knew that this five-year silence had not been voluntary. Although *Aventura en lo gris* was produced in 1963, this play had been written in 1949, and immediately prohibited by ultraconservative censors. In 1963, Buero signed a document with other Spanish intellectuals attacking the government's torture of striking Asturian miners; he also wrote *La doble historia del doctor Valmy*, a play dealing with the effects of police brutality. During this period, he also composed *Mito*, an opera libretto about a quixotic actor who believed in flying saucers. For various reasons, these two plays remained unperformed before

Spanish audiences at the time of composition.[5] In 1966, Buero's only appearance on Spanish billboards was as adaptor of Bertolt Brecht's antiwar play, *Mother Courage.*

El tragaluz became the play to see and the subject of much debate during its long run at the Bellas Artes Theater. In its attempt to awaken slumbering moral awareness, *El tragaluz* is, as its subtitle suggests, an experiment. Much more than an exercise in aesthetics, the play pleads for examination of our responsibilities to one another and encourages multilevel involvement. One of the characters specifically states that unless the individual spectator, and by extension the reader, feels himself both participant and judge of his era, the experiment has failed.

El tragaluz explores the moral climate of the second half of the twentieth century as seen from the perspective of the distant future. Two investigators, Él and Ella, project holograms,[6] representing thought as well as actions, of a remote past (our present) captured by their sophisticated machines. This blurring of the frontiers between actual events and mental actions attempts a portrayal of the totality of human experience. The narrator-investigator device invites the spectator to view the twentieth century from an apparently objective and seductively blameless angle. This detached contemplation of contemporary events initially—but only initially—relieves him of responsibility for

5. *La doble historia del doctor Valmy*, finally authorized, opened in Madrid on January 29, 1976 to favorable reviews. *Mito* has been published (*Primer Acto*, no. 100–101), but not performed.
6. In optics, a hologram is a three-dimensional image, or negative, of a subject; it is observable from any angle. Accomplished through the use of laser beams, these images are absolutely lifelike and reflect the motion of the subject.

actions in a present perceived as past through identification with the morally enlightened beings of the future. This device not only evokes repressed thoughts about the Civil War and provides a fresh perspective on the postwar period, but also softens the reference to this painful and difficult-to-approach era.

The case under investigation centers on a Spanish family of the 1960s. These particular individuals have been selected for study because in their situation the researchers find several primitive variants of a *pregunta* basic to their advanced moral code. This apparently simple question is, *¿Quién es ése?* The answer sought by the investigators, however, is a complex one. Unlike past counterparts who studied great heroes, mass activities, and major ideological shifts, these researchers seek out obscure individuals for study as a reminder that each tree, each blade of grass, and each life has importance. It is significant that their technology is devoted to human beings and ethical advancement rather than to material progress.

As children, Vicente and Mario had asked *¿Quién es ése?* as strangers passed by their basement window. The father now repeatedly asks this question as he cuts pictures of people from magazines and postcards. Because the father ultimately judges an individual as well as a class, he must have an ironic role. It is not solely to placate censorship, however, that Buero presents this character as he does. The play is, in fact, much enriched by this metaphor of the loneliness of the ethical man caught in a cruel and selfish world. Such also is the cross borne by Don Quixote, a character with whom the father has much in common. Important too is the mother's seemingly trivial preoccupation with food. Her constant invitation to eat becomes a leitmotiv, suggesting that the war has not really ended and that hunger pangs create a lasting impression.

While *El tragaluz* makes its point principally in conflicts between two brothers, Vicente and Mario, all the characters are disturbing reminders of the Spanish Civil War. Many years have passed since the war's end, yet all continue to suffer the consequences of war in various ways. The family is particularly marked by a memory that they repress until feelings ultimately explode. In this sense, the basement window suggests a narrow shaft of light beamed on their subconscious thoughts, the latter in turn symbolized in the shadowy basement dwelling.

The set and other visual effects constitute integral parts of the work and stand as symbols of its ideological thrust. The lighting associated with the investigators, for example, is bright and in harmony with their moral enlightenment. The sparse light of the twentieth-century basement room, on the other hand, denotes obscurity in the psychological, economic, social, and philosophical sense. Fond of utilizing visual elements as projections of his theme, Buero uses a rigid, grimy, and darkened stairway in *Historia de una escalera* to symbolize the plight of Madrid's immobile lower-middle class. In *Hoy es fiesta*, the roof of an apartment building suggests the characters' reaching for the sky. The dark and partially sunken quarters of the family in *El tragaluz* is a particularly apt metaphor for the situation of the vanquished in Spain's post-Civil War society: like the family exiled in its basement apartment, the losers were relegated to the lowest economic levels as well as to the collective subconscious of the victorious nation. Conversely, the victors and those who traveled with them sped headlong, like the train missed by the family, toward material success. In the postwar period, idealism became something of an anachronism. In addition to bowing before dictators, royalty, and symbols of the Church, the neo-capitalistic society illustrated its materialism through the worship of refrigerators, cars, and television sets.

The basement window and the train have multiple meanings. Since the window is situated at the front of the stage between actors and spectators, the audience assumes the position of those who pass the window and whose shadows project grotesquely on the wall. The darkened basement dwelling represents, moreover, the limitations of human understanding and perception. Like the creatures of Plato's cavern (*The Republic*, Book VII), Buero's characters grope for light, see each other imperfectly, and anguish for understanding. The train stands not only for the physical means of locomotion utilized by Vicente in 1939, but as a symbol of his "ride to success." Once Vicente tasted the exhilaration of mechanized forward motion (that is, upward mobility), he never again chose to walk, despite the cost to others. Although his first and perhaps most dramatic victims were his baby sister and father, Vicente continues to sacrifice individuals to his vanity and ambition. Years after the train incident, he demonstrates willingness to shove Beltrán, Encarna, and even his unborn child beneath the wheels of the train from which he has not descended since he first fought his way aboard in a desperate struggle for survival. Although Buero does not suggest that "taking the train" is always evil, he does draw attention to the manner of "boarding" and "riding."

In addition to social and ethical implications, *El tragaluz* is a study in the human condition, portraying solitary man in a search for meaning in a hostile and absurd universe. The play suggests that man does not truly live until he has acknowledged responsibility for his destiny and emerges from passivity to conscious choice. In this sense, the train stands for the active life. Vicente chooses to ride in an aggressive fashion, while Encarna elects to be a hanger-on, and Mario refuses to board at all. In answer to Encarna's rationalization of her choices—*Hay que vivir*—Mario adopts a nihilistic posture: *Esa es nuestra miseria: hay que vivir*, suggesting like Sartre before him in *Huis clos* that man is condemned to live. Mario's dialogues, dialectic in nature, should be read with particular care, especially those with Vicente. Their subtle verbal confrontation at the end of the first act, one of the finest dramatic duets in contemporary Spanish theater, is particularly important.

Although *El tragaluz* shares a general kinship with other works that seem to cry out from the void, Buero's play suggests that man is not completely alone. Both the father and Mario call out to those they find immobilized in pictures, just as they symbolically reach out to passersby through their basement window. Like the characters in the pictures, however, the father and Mario remain trapped—immobilized—in their own uncommon sensitivity, communicating only grotesquely through a barred, darkened passageway. Mario hints at the ideological thrust of the humanistic *pregunta tremenda* when he says of one passerby, *Me siento él*. Rejecting the contention that man is totally and eternally alone, Mario senses a mystical solidarity with everyone who has ever lived. The investigators are close to realizing this comforting union and may offer solace to twentieth-century man by assuring him that his cry is, or will be, heard. Some, however, will find little comfort in the implacable eye that effectively records thoughts as well as actions.

Despite the frustration portrayed in *El tragaluz*, the future visualized by Buero indicates hope. He writes with guarded optimism in his quasi-utopic work of a time in which war and its corollaries, greed and exploitation, have disappeared, and men have learned the lessons of history. When asked if his investigators might belong to the twenty-first century, Buero replied,

Mi optimismo no es tan grande, y las mentiras y catás-trofes a que refieren abarcan, muy probablemente, a ese siglo. Note que su localización es imprecisa: el remoto siglo futuro en que los sitúo es mucho más lejano, y bien podría ser el XXV o el XXX.[7]

The surprising, disturbing, and powerful climax of this provocative play casts us all as judges as well as the judged and leads us back to the words of the researchers:

Si no os habéis sentido en algún instante verdaderos seres del siglo veinte, pero observados y juzgados por una especie de conciencia futura: si no os habéis sentido en algún otro momento como seres de un futuro hecho ya presente que juzgan, con rigor y piedad, a gentes muy antiguas y acaso iguales a voso-tros, el experimento ha fracasado.

Although spectators may initially have felt a smug detachment because of the tantalizingly guiltless perspective proffered, they leave the theater with the burden of their own times to ponder. Such is the effect of the experiment of *El tragaluz*.

7. Ida Molina, "Note on the Dialectics of the Search for Truth in *El otro* and *El tragaluz*," *Romance Notes* 14, no. 1 (1972):4.

PERFORMED WORKS OF ANTONIO BUERO VALLEJO

1949   *Historia de una escalera: Drama en tres actos*
1949   *Las palabras en la arena: Tragedia en un acto*
1950   *En la ardiente oscuridad: Drama en tres actos*
1952   *La tejedora de sueños: Drama en tres actos*
1952   *La señal que se espera: Comedia dramática en tres actos*
1953   *Casi un cuento de hadas: Glosa de Perrault en tres actos*
1953   *Madrugada: Episodio dramático en dos actos*
1954   *Irene o el tesoro: Fábula en tres actos*
1956   *Hoy es fiesta: Tragicomedia en tres actos*
1957   *Las cartas boca abajo: Tragedia española en dos partes y cuatro cuadros*
1958   *Un soñador para un pueblo: Versión libre de un episodio histórico en dos partes*
1960   *Las Meninas: Fantasía velazqueña en dos partes*
1962   *El concierto de San Ovidio: Parábola en tres actos*
1963   *Aventura en lo gris: Dos actos y un sueño*
1967   *El tragaluz: Experimento en dos partes*
1970   *El sueño de la razón: Fantasía en dos actos*
1971   *La llegada de los dioses: Fábula en dos partes*
1974   *La fundación: Fábula en dos partes*
1976   *La doble historia del doctor Valmy: Relato escénico en dos partes*

SELECTED BIBLIOGRAPHY

BOOKS

Cortina, José Ramón. *El arte dramático de Antonio Buero Vallejo*. Madrid: Gredos, 1969.

Doménech, Ricardo. *El teatro de Buero Vallejo: una meditación española*. Madrid: Gredos, 1973.

Dowd, Elizabeth. *Realismo trascendental en cuatro tragedias sociales de Buero Vallejo*. Valencia: Estudios de Hispanófila, 1974.

Giuliano, William. *Buero Vallejo, Sastre y el teatro de su tiempo*. New York: Las Américas, 1971.

Halsey, Martha. *Antonio Buero Vallejo*. New York: Twayne, 1973.

Nicholas, Robert. *The Tragic Stages of Antonio Buero Vallejo*. Valencia: Estudios de Hispanófila, 1972.

Ruple, Joelyn. *Antonio Buero Vallejo: The First Fifteen Years*. New York: Eliseo Torres and Sons, 1971.

ARTICLES AND INTERVIEWS

Ángeles, José. "Buero Vallejo, o la tragedia de raíz moral." *Atenea* (Facultad de Artes y Ciencias, Universidad de Puerto Rico) 6 (1969):141–51.

Casa, Frank P. "The Problem of National Reconciliation in Buero Vallejo's *El tragaluz*." *Revista Hispánica Moderna* 35, no. 3 (January–April 1969): 285–94.

Doménech, Ricardo. "A propósito de *El tragaluz*." *Cuadernos para el diálogo*, no. 51 (December 1967): 40–41.

_____. "*El tragaluz*, una tragedia de nuestro tiempo." *Cuadernos Hispanoamericanos*, no. 217 (January 1968): 124–35.

_____. "Reflexiones sobre el teatro de Buero Vallejo." *Primer Acto*, 38 (December 1962): 14–17.

Fernández-Santos, Ángel. "El enigma de *El tragaluz*." *Primer Acto*, no. 90 (November 1967): 4–5.

_____. "Polémica [sobre *El tragaluz*]." *Primer Acto*, no. 94 (March 1967): 8–10.

_____. "Una entrevista con Buero Vallejo sobre *El tragaluz*." *Primer Acto*, no. 90 (November 1967): 6–15.

Halsey, Martha. "Buero Vallejo and the Significance of Hope." *Hispania* 51 (March 1968): 57–66.

_____. "*El tragaluz*. A Tragedy of Contemporary Spain." *Romanic Review* 63, no. 4 (December 1972): 84–92.

Kronik, John. "Antonio Buero Vallejo: A Bibliography (1949–1970)." *Hispania* 54, no. 4 (December 1971): 856–68.

_____. "Buero Vallejo's *El tragaluz* and Man's Existence in History." *Hispanic Review* 41, no. 2 (Spring 1973): 371–96.

Molina, Ida. "Note on the Dialectics of the Search for Truth in *El otro* and in *El tragaluz*." *Romance Notes* 14, no. 1 (1972): 1–4.

Monleón, José. "El retraso de Antonio Buero Vallejo." In *Teatro Español, 1967–68*, pp. 57–60. Madrid: Aguilar, 1969.

_____. "Un teatro abierto." In *Antonio Buero Vallejo, Teatro*, pp. 13–29. Madrid: Taurus, 1968.

Montero, Isaac. "*El tragaluz* de Antonio Buero Vallejo," *Nuevos Horizontes* (Ateneo Español de México), no. 3–4 (January–April 1968): 28–40.

Nicholas, Robert L. "The History Plays: Buero Vallejo's Experiment in Dramatic Expression." *Revista de Estudios Hispánicos* 3, no. 2 (November 1969): 281–93.

Nonoyama, Minako. "La personalidad en los dramas de Buero Vallejo y de Unamuno." *Hispanófila*, no. 49 (1973): 69–78.

O'Connor, Patricia W. "Censorship in the Contemporary Spanish Theater and Antonio Buero Vallejo." *Hispania* 52, no. 2 (May 1969), 282–87.

Osuna, José. "Las dificultades de mi puesta en escena [de *El tragaluz*]." *Primer Acto*, no. 90 (November 1967): 102–107.

Prego, Adolfo. "Con *El tragaluz*, Buero lanza un desafío." In *Teatro Español, 1967–68*, pp. 153–54. Madrid: Aguilar, 1969.

Santaló, José Luis. "El teatro de Madrid. *El tragaluz* en el Bellas Artes." *Arbor*, no. 263 (November 1967): 115–18.

Schevill, Isabel M. "Lo trágico en el teatro de Buero Vallejo." *Hispanófila* 51 (December 1968): 817–24.

Weis, Gerard R. "Buero Vallejo's Theory of Tragedy in *El tragaluz*." *Revista de Estudios Hispánicos* 5, no. 2 (1971): 147–60.

El tragaluz
Experimento en dos partes

Esta obra se estrenó la noche del 7 de octubre de 1967, en el teatro Bellas Artes, de Madrid, con el siguiente

REPARTO

(Por orden de intervención)

ELLA	*Carmen Fortuny*
ÉL	*Sergio Vidal*
ENCARNA	*Lola Cardona*
VICENTE	*Jesús Puente*
EL PADRE	*Francisco Pierrá*
MARIO	*José María Rodero*
LA MADRE	*Amparo Martí*
ESQUINERA (no habla)	*Mari Merche Abreu*
CAMARERO (no habla)	*Norberto Minuesa*

VOCES Y SOMBRAS DE LA CALLE

Derecha e izquierda, las del espectador

Dirección escénica: José Osuna

PARTE PRIMERA

El experimento suscita sobre el espacio escénico la impresión, a veces vaga, de los lugares que a continuación se describen.

El cuarto de estar de una modesta vivienda instalada en un semisótano ocupa la escena en sus dos 5 *tercios derechos.[1] En su pared derecha hay una puerta. En el fondo, corto pasillo que conduce a la puerta de entrada a la vivienda. Cuando ésta se abre, se divisa la claridad del zaguán. En la pared derecha de este pasillo está la puerta del dormitorio de los padres. En la de la* 10 *izquierda, la puerta de la cocina.*

La pared izquierda del cuarto de estar no se ve completa: sólo sube hasta el borde superior de la del fondo, en el ángulo que forma con ella, mediante una estrecha faja, y en su parte inferior se extiende hacia el 15 *frente formando un rectángulo de metro y medio de alto.*

Los muebles son escasos, baratos y viejos. Hacia la izquierda hay una mesa camilla[2] pequeña, rodeada de dos o tres sillas. En el primer término de la derecha, 20 *silla contra la pared y, ante ella, una mesita baja. En el rectángulo inferior de la pared izquierda, un vetusto · sofá. Algunas sillas más por los rincones. En el paño derecho del fondo, una cómoda. La jarra de agua, los*

---

1. **ocupa la escena...derechos** occupies the right two-thirds of the stage
2. **mesa camilla** a round table with a floor-length cover

vasos, el frutero y el cestillo del pan que sobre ella
descansan muestran que también sirve de aparador.
Sobre la mesita de la derecha hay papeles, un cenicero
y algún libro. Por las paredes, clavados con chinchetas,
5 *retratos de artistas y escritores recortados de revistas,*
postales de obras de arte y reproducciones de cuadros
famosos arrancadas asimismo de revistas, alternan con
algunos viejos retratos de familia.

El amplio tragaluz que, al nivel de la calle, ilumina
10 *al semisótano, es invisible; se encuentra en la cuarta*
pared [3] *y, cuando los personajes miman el ademán de*
abrirlo, [4] *proyecta sobre la estancia la sombra de su*
reja.

El tercio izquierdo de la escena lo ocupa un
15 *bloque cuyo lado derecho está formado por el rectán-*
gulo inferior de la pared izquierda del cuarto de estar.
Sobre este bloque se halla una oficina. La única pared
que de ella se ve con claridad es la del fondo, que
forma ángulo recto con la estrecha faja de pared que,
20 *en el cuarto de estar, sube hasta su completa altura.*
En la derecha de esta pared y en posición frontal,
mesa de despacho y sillón. En la izquierda y contra el
fondo, un archivador. Entre ambos muebles, la puerta
de entrada. En el primer término izquierdo de la
25 *oficina y de perfil, mesita con máquina de escribir y*
silla. En la pared del fondo y sobre el sillón, un cartel
de propaganda editorial en el que se lee claramente
Nueva Literatura y donde se advierten textos más
confusos entre fotografías de libros y de escritores;
30 *algunas de estas cabezas son idénticas a otras de las*
que adornan el cuarto de estar.

3. **en la cuarta pared** on the fourth wall (the transparent wall
between audience and stage)
4. **miman el ademán de abrirlo** go through the motions of opening it

*Ante la cara frontal del bloque que sostiene la
oficina, el velador de un cafetín con dos sillas de terraza. Al otro lado de la escena y formando ángulo con
la pared derecha del cuarto de estar, la faja frontal,
roñosa y desconchada, de un muro callejero.*   5
*Por la derecha e izquierda del primer término,
espacio para entradas y salidas.*

*En la estructura general no se advierten las
techumbres; una extraña degradación de la luz o de la
materia misma vuelve imprecisa la intersección de los*   10
*lugares descritos; sus formas se presentan, a menudo,
borrosas y vibrátiles.*

*La luz que ilumina a la pareja de investigadores
es siempre blanca y normal. Las sucesivas ilumina-
ciones de las diversas escenas y lugares crean, por el*   15
contrario, constantes efectos de lividez e irrealidad.

*(Apagadas las luces de la sala, entran por el fondo de
la misma* ELLA *y* ÉL: *una joven pareja vestida con
extrañas ropas, propias del siglo a que pertenecen.
Un foco los ilumina. Sus movimientos son pausados*   20
*y elásticos. Se acercan a la escena, se detienen, se
vuelven y miran a los espectadores durante unos
segundos. Luego hablan, con altas y tranquilas voces.)*

ELLA.— Bienvenidos. Gracias por haber querido presenciar nuestro experimento.   25
ÉL.—Ignoramos si el que nos ha correspondido a
nosotros dos[5] os parecerá interesante.
ELLA.— Para nosotros lo ha sido en alto grado. *(Mira,
sonriente, a su pareja.)* ¿Se decía entonces «en alto
grado»?   30

---

5. **si el que...nosotros dos** if the one that has been assigned to us

ÉL.—Sí. *(A los espectadores.)* La pregunta de mi compañera tiene su motivo. Os extrañará nuestro tosco modo de hablar, nuevo en estas experiencias. El Consejo ha dispuesto que los experimentadores usemos
5   el léxico del tiempo que se revive. Os hablamos, por ello, al modo del siglo veinte, y en concreto, conforme al lenguaje de la segunda mitad de aquel siglo, ya tan remoto. *(Suben los dos a la escena por una escalerilla y se vuelven de nuevo hacia los especta-*
10   *dores.)* Mi compañera y yo creemos haber sido muy afortunados al realizar este experimento; la historia que hemos logrado rescatar del pasado nos da, explícita ya en aquel tiempo, *la pregunta.*

ELLA.— Como sabéis, *la pregunta* casi nunca se en-
15   cuentra en las historias de las más diversas épocas que han reconstruido nuestros detectores. En la presente historia la encontraréis formulada del modo más sorprendente.

ÉL.—Quien la formula no es una personalidad notable.
20   Es un ser oscuro y enfermo.

ELLA.—La historia es, como tantas otras, oscura y singular, pues hace siglos que comprendimos de nuevo la importancia... *(A su pareja.)* ¿infinita?

ÉL.—Infinita.
25 ELLA.—La importancia infinita del caso singular. Cuando estos fantasmas vivieron, solía decirse que la mirada a los árboles impedía ver el bosque.[6] Y durante largas etapas llegó a olvidarse que también debemos mirar a un árbol tras otro para que nuestra
30   visión del bosque no se deshumanice. Finalmente, los hombres hubieron de aprenderlo para no sucumbir, y ya no lo olvidaron.

---

6. **que la mirada...bosque** that you could not see the forest for the trees

*(Él levanta una mano, mirando al fondo y a los lados
de la sala. Oscilantes ráfagas de luz iluminan a la
pareja y al telón.)*

Él.—Como los sonidos son irrecuperables, los diálogos
se han restablecido mediante el movimiento de los   5
labios y añadido artificialmente. Cuando las figuras
se presentaban de espaldas, los calculadores electrónicos.... *(A su pareja.)* ¿Se llamaban así?

Ella.—Y también computadores, o cerebros.

Él.—Los calculadores electrónicos han deducido las 10
palabras no observables. Los ruidos naturales han
sido agregados asimismo.

Ella.—Algunas palabras procedentes del tragaluz se
han inferido igualmente mediante los cerebros electrónicos.   15

Él.—Pero su condición de fenómeno real es, ya lo
comprenderéis, más dudosa.

Ella.—*(Su mano recomienda paciencia.)* Ya lo comprenderéis....

Él.—Oiréis además, en algunos momentos, un ruido   20
extraño. Es el único sonido que nos hemos permitido
incluir por cuenta propia.

Ella.—Es el ruido de aquella desaparecida forma de
locomoción llamada ferrocarril. Lo utilizamos para
expresar escondidas inquietudes que, a nuestro juicio, 25
debían destacarse. Oiréis, pues, un tren; o sea, un
pensamiento.

(El telón se alza. En la oficina, sentada a la máquina,
Encarna. Vicente *la mira, con un papel en la mano,
sentado tras la mesa de despacho. En el cuarto de* 30

estar EL PADRE *se encuentra sentado a la mesa, con
unas tijeras en la mano y una vieja revista ante él;
sentado a la mesita de la derecha, con un bolígrafo
en la mano y pruebas de imprenta ante sí,* MARIO. *Los*
5 *cuatro están inmóviles. Ráfagas de luz oscilan sobre
ambos lugares.)*

ÉL.—Como base de la experiencia, unos pocos lugares
que los proyectores espaciales mantendrán simultáneamente visibles. *(Señala a la escena.)* En este momento
10 trabajan a rendimiento mínimo y las figuras parecen
inmóviles; actuarán a ritmo normal cuando les
llegue su turno. *(Las ráfagas de luz fueron desapareciendo.*[7] *En la oficina se amortigua la vibración
luminosa y crece una viva luz diurna. El resto de*
15 *la escena permanece en penumbra.* ENCARNA *empieza,
muy despacio, a teclear sobre la máquina.)* La historia sucedió en Madrid, capital que fue[8] de una
antigua nación llamada España.

ELLA.—Es la historia de unos pocos árboles, ya muertos,
20 en un bosque inmenso.

*(*ÉL *y* ELLA *salen por ambos laterales. El ritmo del
tecleo se vuelve normal, pero la mecanógrafa no
parece muy rápida ni muy segura. En la penumbra
del cuarto de estar* EL PADRE *y* MARIO *se mueven de*
25 *tanto en tanto muy lentamente.* ENCARNA *copia un
papel que tiene al lado. Cuenta unos veinticinco
años y su físico es vulgar,*[9] *aunque no carece de
encanto. Sus ropas, sencillas y pobres.* VICENTE *parece
tener unos cuarenta o cuarenta y un años. Es hombre*

---

7. **fueron desapareciendo** have been gradually fading
8. **capital que fue** which was the capital
9. **su físico es vulgar** she is rather ordinary looking

apuesto y de risueña fisonomía. Viste cuidada y buena ropa de diario.[10] *En su izquierda, un grueso anillo de oro.* ENCARNA *se detiene, mira perpleja a* VICENTE, *que la sonríe, y vuelve a teclear.)*

ENCARNA.—Creo que ya me ha salido bien.   5
VICENTE.—Me alegro.

*(*ENCARNA *teclea con ardor unos segundos. Suena el teléfono.)*

ENCARNA.—¿Lo tomo?
VICENTE.—Yo lo haré.[11] *(Descuelga.)* Diga.... Hola, Juan. 10
(Tapa el micrófono.) Sigue, Encarnita. No me moles-
tas. *(*ENCARNA *vuelve a teclear.)* ¿Los membretes?
Mientras no se firme la escritura no debemos alterar
el nombre de la Editora.... ¿Cómo? Creí que aún
teníamos una semana. *(*ENCARNA *saca los papeles del* 15
carro.) ¡No he de alegrarme![12] ¡Ahora sí que vamos
a navegar con viento de popa!...[13] No. De la nueva
colección, el de más venta es el de Eugenio Beltrán,
y ya hemos contratado para él tres traducciones....
Naturalmente, la otra novela de Beltrán pasa a la 20
imprenta en seguida. Pasado mañana nos firma el
contrato. Aún no la he mandado porque la estaba
leyendo Encarnita. *(Se lleva una sorpresa mayúscula.)*[14]
¿Qué dices?... ¡Te atiendo, te atiendo! *(Frunce las*
cejas, disgustado.) Sí, sí. Comprendo.... Pero escucha.... 25

10. **Viste cuidada...diario.** He wears well cared-for everyday clothes of good quality.
11. **¿ Lo tomo? Yo lo haré.** Shall I get it? No, I will.
12. **¡No he de alegrarme!** Of course I am happy about it!
13. **¡Ahora sí que...popa!** Now we really will go full steam ahead!
14. **Se lleva...mayúscula.** He shows great surprise.

¡Escucha, hombre!... ¡Que me escuches, te digo![15]
Hay una serie de problemas que.... Espera. *(Tapa el
micrófono.)* Oye, Encarnita, ¿me has reunido las
revistas y las postales?

5 ENCARNA.—Es cosa de un momento.

VICENTE.—Hazlo ya, ¿quieres? *(Mira su reloj.)* Nos
vamos en seguida; ya es la hora.

ENCARNA.—Bueno. *(Sale por el fondo.)*

VICENTE.—*(Al teléfono.)* Escucha, Juan. Una cosa es que
10 el grupo entrante intervenga en el negocio y otra que
trate de imponernos sus fobias literarias, o políticas,
o lo que sean.... ¡Sabes muy bien a qué me refiero!...
¿Cómo que no lo sabes? ¡Sabes de sobra que se la
tienen jurada a Eugenio Beltrán![16] *(Se exalta.)* ¡Juan,
15 hay contratos vigentes, y otros en puertas!... ¡Atiende,
hombre!... *(De mala gana.)* Sí, sí, te oigo.... *(Su cara se
demuda; su tono se vuelve suave.)* No comprendo
por qué llevas la cuestión a ese terreno....[17] Ya sé que
no hay nadie insustituible, y yo no pretendo serlo....
20 Por supuesto, la entrada del nuevo grupo me interesa
tanto como a ti.... *(Escucha, sombrío.)* Conforme....
(Da una iracunda palmada sobre la mesa.) ¡Pues tú
dirás lo que hacemos!...[18] Está bien; ya pensaré lo
que le digo a Beltrán. *(Amargo.)* Comprendido, Juan.
25 ¡Ha muerto Beltrán, viva la Editora!... ¡Ah, no! En
eso te equivocas. Beltrán me gusta, pero admito que
se está anquilosando....[19] Una lástima. *(ENCARNA vuelve
con un rimero de revistas ilustradas, postales y un*

15. **¡Que me escuches, te digo!** Listen to me, I tell you!
16. **¡Sabes...Beltrán!** You know very well that they have it in for
Eugenio Beltrán!
17. **No comprendo...terreno.** I don't understand why you want to
bring that in.
18. **¡Pues tú dirás...hacemos!** Well you tell me what to do!
19. **admito que...anquilosando** I admit that he is going stale

sobre. Lo pone todo sobre la mesa. Se miran. El tono de VICENTE *se vuelve firme y terminante.)* Comparto tu criterio;[20] puedes estar seguro. No estamos sólo para ganar cuartos,[21] sino para velar por la nueva literatura.... Pues siempre a tus órdenes.... Hasta 5 mañana. *(Cuelga y se queda pensativo.)* Mañana se firma la nueva escritura, Encarna. El grupo que entra aporta buenos dineros. Todo va a mejorar, y mucho.[22]

ENCARNA.—¿Cambiaréis personal? 10

VICENTE.—De aquí no te mueves, ya te lo he dicho.

ENCARNA.—Ahora van a mandar otros tantos como tú. Suponte que te ordenan echarme...

VICENTE.—Ya te encontraría yo otro agujero.

ENCARNA.—*(Con tono de decepción.)* ¿Otra...oficina? 15

VICENTE.—¿Por qué no?

ENCARNA.— *(Después de un momento.)* ¿Para que me acueste con otro jefe?

VICENTE.—*(Seco.)* Puedo colocarte sin necesidad de eso. Tengo amigos. 20

ENCARNA.—Que también me echarán.

VICENTE.— *(Suspira y examina sus papeles.)* Tonterías. No vas a salir de aquí. *(Consulta su reloj.)* ¿Terminaste la carta?

ENCARNA.—*(Suspira.)* Sí. *(Va a la máquina, recoge la 25 carta y se la lleva. Él la repasa.)*

VICENTE.—¡Mujer! *(Toma un lápiz rojo.)*

ENCARNA.—*(Asustada.)* ¡«Espléndido» es con «s»! ¡Estoy segura!

VICENTE.—Y «espontáneo» también. 30

ENCARNA.—¿Expontáneo?

20. **Comparto tu criterio** I agree with you
21. **No estamos...cuartos** We are not in this just for the money
22. **Todo...mucho.** Everything is going to get better, a lot better.

VICENTE.—Como tú lo dices es con «x», pero lo dices mal. *(Tacha con el lápiz.)*

ENCARNA.—*(Humilde.)* ¿La vuelvo a escribir?

VICENTE.— Mañana. ¿Terminaste la novela de Beltrán?

5 ENCARNA.—Te la dejé aquí. *(Va al archivador y recoge un libreto que hay encima, llevándoselo.)*

VICENTE.—*(Lo hojea.)* Te habrá parecido...espléndida.

ENCARNA.—Sí.... Con «s».

VICENTE.—No me sorprende. Peca de ternurista.[23]

10 ENCARNA.—Pero...si te gustaba...

VICENTE.—Él es de lo mejor que tenemos. Pero en esta última se ha excedido. *(Se sienta y guarda el libreto en un cajón de la mesa.)* La literatura es faena difícil, Encarnita. Hay que pintar la vida, pero sin su

15 trivialidad. *(Se dispone a tomar el rimero de revistas. Toma el sobre.)* Esto, ¿qué es?

ENCARNA.—Pruebas para tu hermano.

VICENTE.—¡Ah, sí! Espera un minuto. Quiero repasar uno de los artículos del próximo número. *(Saca las*

20 *pruebas.* ENCARNA *se sienta en su silla.)* Sí, Encarnita. La literatura es difícil. Beltrán, por ejemplo, escribe a menudo: «Fulana piensa esto, o lo otro...» Un recurso muy gastado. *(Por la prueba.)* Pero este idiota lo elogia.... Sólo puede justificarse cuando un per-

25 sonaje le pregunta a otro: «¿En qué piensas?» *(Ella lo mira, cavilosa. Él se concentra en la lectura. Ella deja de mirarlo y se abstrae. El primer término se iluminó poco a poco. Entra por la derecha una golfa, cruza y se acerca al velador del cafetín. Tiene el*

30 *inequívoco aspecto de una prostituta barata y ronda ya los cuarenta años.[24] Se sienta al velador, saca de su bolso una cajetilla y extrae un pitillo. Un camarero*

23. **Peca de ternurista.** One of his faults is oversentimentality.

24. **y ronda ya...años** and she is already pushing forty

flaco y entrado en años[25] *aparece por el lateral izquierdo y, con gesto cansado, deniega con la cabeza
y con un dedo, indicando a la esquinera que se vaya.
Ella lo mira con zumba y extiende las manos hacia
la mesa, como si dijese: «¡Quiero tomar algo!» El* 5
Camarero *vuelve a denegar y torna a indicar, calmoso, que se vaya. Ella suspira, guarda el pitillo que
no encendió y se levanta. Cruza luego hacia la
derecha, se detiene y, aburrida, se recuesta en la
desconchada pared.* Vicente *levanta la vista y mira a* 10
Encarna.*) Y tú, ¿en qué piensas? (Abstraída,* Encarna
*no responde.) ¿Eh? (*Encarna *no le oye. Con risueña
curiosidad,* Vicente *enciende un cigarrillo sin dejar de
observarla. Con un mudo «¡Hale!» y un ademán más
enérgico, el* Camarero *conmina a la prostituta a que* 15
*se aleje. Con un mudo «¡Ah!» de desprecio, sale ella
por el lateral derecho. El* Camarero *pasa el paño por
el velador y sale por el lateral izquierdo. La luz del
primer término se amortigua un tanto. Irónico,*
Vicente *interpela a* Encarna.*) ¿En qué piensas...* 20
Fulana?

Encarna.—*(Se sobresalta.)* ¿Fulana?[26]

Vicente.—Ahora sí eras un personaje de novela. Algo
pensabas.

Encarna.—Nada... 25

* * * * *

Vicente.—¿Cenamos juntos? *(Vuelve a leer en la
prueba.)*

25. **y entrado en años** and getting on in years
26. **¿Fulana?** [A play on words. *Fulana* means "hooker" as well
as "so-and-so."]

ENCARNA.—Ya sabes que los jueves y viernes ceno con esa amiga de mi pueblo.

VICENTE.—Cierto. Hoy es jueves. Recuérdame mañana que llame a Moreno. Urge pedirle un artículo para
5   el próximo número. Éste no sirve.[27] *(Separa la prueba que leía y se la guarda.)*

ENCARNA.—*(Mientras cubre la máquina.)* ¿Cuál es?

VICENTE.—El de Torres.

ENCARNA.—¿Sobre Eugenio Beltrán?

10   VICENTE.—Sí. *(Se levanta.)* ¿Te acerco?[28]

ENCARNA.—No. ¿Vas a casa de tus padres?

VICENTE.—Con toda esta broza. *(Golpea sobre el mon-tón de revistas y toma, risueño, las postales.)* Esta postal le gustará a mi padre. Se ve a la gente andando
15   por la calle y eso le encanta. *(Examina las postales. El cuarto de estar se iluminó poco a poco con luz diurna. Los movimientos de sus ocupantes se han normalizado.* EL PADRE, *sentado a la mesa, recorta algo de una vieja revista. Es un anciano de blancos*
20   *cabellos que representa más de setenta y cinco años. Su hijo* MARIO, *de unos treinta y cinco años, corrige pruebas. Ambos visten con desaliño y pobreza. EL* PADRE, *un traje muy usado y una vieja bata; el hijo, pantalones oscuros y jersey.* VICENTE *se recuesta en el*
25   *borde de la mesa.)* Menos mal que el viejo se ha vuelto divertido. *(Ríe, mientras mira las postales.)* ¿Te conté lo del cura?

ENCARNA.—No.

VICENTE.—Se encontró un día con el cura de la parro-
30   quia, que iba acompañado de una feligresa. Y le pregunta mi padre, muy cumplido: ¿Esta mujer es su señora? *(Ríen.)* Iba con el señor Anselmo, que

---

27. **Éste no sirve.** This won't do.
28. **¿Te acerco?** Shall I drop you off?

le da mucha compañía, pero que nunca le discute nada.

ENCARNA.—Pero...¿está loco?

VICENTE.—No es locura, es vejez: arteriosclerosis. Ahora estará más sujeto en casa: les regalé la televisión el 5 mes pasado. *(Ríe. Tira una postal sobre la mesa.)* Esta postal no le gustará. No se ve gente. *(Se abstrae.)*

(Se oye el ruido de un tren remoto, que arranca, pita y gana rápidamente velocidad. Su fragor crece y suena con fuerza durante unos segundos. Cuando 10 *se amortigua,* EL PADRE *habla en el cuarto de estar. Poco después se extingue el ruido en una ilusoria lejanía.)*

EL PADRE.—*(Exhibe un monigote que acaba de recortar.)* Éste también puede subir. 15

MARIO.—*(Interrumpe su trabajo y lo mira.)* ¿A dónde?

EL PADRE.—Al tren.

MARIO.—¿A qué tren?

EL PADRE.—*(Señala al frente.)* [29] A ése.

MARIO.—Eso es un tragaluz. 20

EL PADRE.—Tú qué sabes.... *(Hojea la revista.)*

ENCARNA.—*(Desconcertada por el silencio de* VICENTE.*)* ¿No nos vamos?

(Abstraído, VICENTE *no contesta. Ella lo mira con curiosidad.)* 25

MARIO.—*(Que no ha dejado de mirar a su padre.)* Hoy vendrá Vicente.

EL PADRE.—¿Qué Vicente?

MARIO.—¿No tiene usted un hijo que se llama Vicente?

29. **Señala al frente.** He points straight ahead (to the skylight).

EL PADRE.—Sí. El mayor. No sé si vive.

MARIO.—Viene todos los meses.

EL PADRE.—Y tú, ¿quién eres?

MARIO.—Mario.

5 EL PADRE.—¿Tú te llamas como mi hijo?

MARIO.—Soy su hijo.

EL PADRE.— Mario era más pequeño.

MARIO.—He crecido.

EL PADRE.—Entonces subirás mejor.

10 MARIO.—¿A dónde?

EL PADRE.—Al tren. *(Comienza a recortar otra figura.* MARIO *lo mira, intrigado, y luego vuelve a su trabajo.)*

VICENTE.—*(Reacciona y coge el mazo de revistas.)* ¿Nos vamos?

15 ENCARNA.—Eso te preguntaba.

VICENTE.—*(Ríe.)* Y yo estaba pensando en las Batuecas,[30] como cualquier personaje de Beltrán. *(Mete en su cartera las revistas, las postales y el sobre.* ENCARNA *recoge su bolso y va a la mesa, de donde toma la* 20 *postal abandonada.* VICENTE *va a la puerta, se vuelve y la mira.)* ¿Vamos?

ENCARNA.—*(Mirando la postal.)* Me gustaría conocer a tus padres.

VICENTE.—*(Frío.)* Ya me lo has dicho otras veces.

25 ENCARNA.—No te estoy proponiendo nada. Puede que no vuelva a decírtelo. *(Con dificultad.)* Pero...si tuviésemos un hijo, ¿lo protegerías?

VICENTE.—*(Se acerca a ella con ojos duros.)* ¿Vamos a tenerlo?

30 ENCARNA.—*(Desvía la mirada.)* No.

VICENTE.—*(Le vuelve la cabeza[31] y la mira a los ojos.)* ¿No?

30. **Y yo estaba...Batuecas.** And I was a thousand miles away.
31. **Le vuelve la cabeza** He turns her face toward him

ENCARNA.—*(Quiere ser persuasiva.)* ¡No!

VICENTE.—Descuidarse ahora sería una estupidez mayúscula....

ENCARNA.—¡Aunque no nos casásemos! ¿Lo protegerías?

VICENTE.—*(Seco.)* Si no vamos a tenerlo es inútil la 5
pregunta. Vámonos. *(Vuelve a la puerta.)*

ENCARNA.—*(Suspira y comenta, anodina.)* Pensé que a
tu padre le gustaría esta postal. Es un tren muy
curioso, como los de hace treinta años.

VICENTE.—No se ve gente. 10

* * * * *

*(*ENCARNA *deja la postal y sale por el fondo seguida de*
VICENTE, *que cierra. Vuelve el ruido del tren. La luz
se extingue en la oficina.* MARIO *interrumpió su
trabajo y miraba fijamente a su padre, que ahora
alza la vista y lo mira a su vez. El ruido del tren se* 15
apaga. EL PADRE *se levanta y lleva sus dos monigotes
de papel a la cómoda del fondo.)*

EL PADRE.—*(Musita, mientras abre un cajón.)* Éstos tienen
que aguardar en la sala de espera. *(Deja los monigotes y revuelve el contenido del cajón, sacando un* 20
par de postales.) Recortaré a esta linda señorita.
(Canturrea, mientras vuelve a la mesa.)

La Rosenda está estupenda.
La Vicenta está opulenta...[32]

(Se sienta y se dispone a recortar.) 25

MARIO.—¿No está mejor en la postal?

32. **La Rosenda...opulenta.** Rosenda looks gorgeous. Vicenta is well-
endowed.

EL PADRE.—*(Sin mirarlo.)* Sólo cuando hay mucha gente. Si los recortas entonces, los partes. Pero yo tengo que velar por todos y al que puedo, lo salvo.

MARIO.—¿De qué?

5 EL PADRE.—De la postal. *(Recorta. Se abre la puerta de la casa y entra* LA MADRE *con un paquete. Es una mujer agradable y de aire animoso.*[33] *Aparenta unos sesenta y cinco años.* EL PADRE *se interrumpe.)* ¿Quién anda en la puerta?

10 MARIO.—Es madre.

*(*LA MADRE *entra en la cocina.)*

EL PADRE.—*(Vuelve a recortar y canturrea.)*

La Pepica está muy rica...[34]

MARIO.—Padre.

15 EL PADRE.—*(Lo mira.)* ¿Eh?

MARIO.—¿De qué tren habla? ¿De qué sala de espera? Nunca ha hablado de ningún tren....

EL PADRE.—De ése. *(Señala al frente.)*

MARIO.—No hay ningún tren ahí.

20 EL PADRE.—Es usted bobo, señorito. ¿No ve la ventanilla?

(El hijo lo mira y vuelve a su trabajo. LA MADRE *sale de la cocina con el paquete y entra en el cuarto de estar.)*

LA MADRE.—Ya he puesto a calentar la leche; Vicente 25 no tardará. *(Va a la cómoda y abre el paquete.)*

EL PADRE.—*(Se levanta y se inclina.)* Señora...

33. **y de aire animoso** and lively-looking
34. **La Pepica está muy rica.** Pepica is quite a dish.

LA MADRE.—*(Se inclina, burlona.)* Caballero...

EL PADRE.—Como en su propia casa. [35]

LA MADRE.—*(Contiene la risa.)* Muy amable, caballero.

EL PADRE.—Con su permiso, seguiré trabajando.

LA MADRE.—Usted lo tiene. *(Vuelven a saludarse. EL PADRE* 5
se sienta y recorta. MARIO, *que no se ha reído,*
enciende un cigarrillo.) Las ensaimadas ya no son
como las de antes, [36] pero a tu hermano le siguen
gustando. Si quisiera quedarse a cenar... *(Ha ido*
poniendo las ensaimadas en una bandeja.) 10

MARIO.—¿Sabes que ya tiene coche?

LA MADRE.—*(Alegre.)* ¿Sí? ¿Se lo has visto?

MARIO.—Me lo han dicho.

LA MADRE.—¿Es grande?

MARIO.—No lo sé. 15

LA MADRE.—¡A lo mejor lo trae hoy!

MARIO.—No creo que llegue con él hasta aquí.

LA MADRE.—Tienes razón. Es delicado. *(MARIO la mira*
con leve sorpresa y vuelve a su trabajo. Ella se le
acerca y baja la voz.) Oye...¿le dirás tú lo que hizo 20
tu padre?

MARIO.—Quizá no pregunte.

LA MADRE.—Notará la falta. [37]

MARIO.—Si la nota, se lo diré.

EL PADRE.—*(Se levanta y va hacia la cómoda.)* La linda 25
señorita ya está lista. Pero no sé quién es.

LA MADRE.—*(Ríe.)* Pues una linda señorita. ¿No te basta?

EL PADRE.—*(Súbitamente irritado.)* ¡No, no basta! *(Y*
abre el cajón bruscamente para dejar el muñeco.)

---

35. **Como en su propia casa.** Make yourself right at home.
36. **Las ensaimadas...antes** The sweet rolls are not what they used to be
37. **Notará la falta.** He will miss it.

LA MADRE.—*(A media voz.)* Lleva unos días imposible. [38]

EL PADRE.—¡Caramba! ¡Pasteles! *(Va a tomar una ensaimada.)*

LA MADRE.—¡Déjalas hasta que venga Vicente!

5 EL PADRE.—¡Si Vicente soy yo! [39]

LA MADRE.—Ya comerás luego. *(Lo aparta.)* Vuelve a tus postales, que eres como un niño.

EL PADRE.—*(Se resiste.)* Espera...

LA MADRE.—¡Anda, te digo!

10 EL PADRE.—Quiero darte un beso.

LA MADRE.—*(Ríe.)* ¡Huy! ¡Mira por dónde sale ahora el vejestorio! [40]

EL PADRE.—*(Le toma la cara.)* Beso...

LA MADRE.—*(Muerta de risa.)* ¡Quita, baboso!

15 EL PADRE.—¡Bonita! *(La besa.)*

LA MADRE.—¡Asqueroso!   ¿No te da vergüenza, a tus años? *(Lo aparta, pero él reclina la cabeza sobre el pecho de ella, que mira a su hijo con un gesto de impotencia.)*

20 EL PADRE.—Cántame la canción, bonita...

LA MADRE.—¿Qué canción? ¿Cuándo te he cantado yo a ti nada?

EL PADRE.—De pequeño. [41]

LA MADRE.—Sería tu madre. *(Lo empuja.)* ¡Y aparta, que
25 me ahogas!

EL PADRE.—¿No eres tú mi madre?

LA MADRE.—*(Ríe.)* Sí, hijo. Anda, siéntate y recorta.

EL PADRE.—*(Dócil.)* Bueno. *(Se sienta y husmea en sus revistas.)*

---

38. **Lleva unos días imposible.** He has been impossible for the last few days.
39. **¡Si Vicente soy yo!** But I am Vicente!
40. **¡Mira...vejestorio!** Look at what the old man is up to now!
41. **De pequeño.** When I was little.

La madre.—¡Y cuidado con las tijeras, que hacen pupa!⁴²

El padre.—Sí, mamá. *(Arranca una hoja y se dispone a recortar.)*

La madre.—¡Hum!... Mamá. Puede que dentro de un minuto sea la Infanta Isabel. *(Suena el timbre de la casa.)* ¡Vicente!

(Corre al fondo. Mario se levanta y se acerca a su padre.)

Mario.—Es Vicente, padre. *(El padre no le atiende. La madre abre la puerta y se arroja en brazos de su hijo.)* Vicentito. *(Mario se incorpora y aguarda junto al sillón de su padre.)*

La madre.—¡Vicente! ¡Hijo!

Vicente.—Hola, madre.

(Se besan.)

La madre.—*(Cierra la puerta y vuelve a abrazar a su hijo.)* ¡Vicentito!

Vicente.—*(Riendo.)* ¡Vamos, madre! ¡Ni que volviese de la Luna!⁴³

La madre.—Es que no me acostumbro a no verte todos los días, hijo. *(Le toma del brazo y entran los dos en el cuarto de estar.)*

Vicente.—¡Hola, Mario!

Mario.— ¿Qué hay?

(Se palmean, familiares.)

42. ¡**...que hacen pupa!** because they can hurt you!
43. ¡**Ni que...Luna**! You would think I had just come back from the moon!

LA MADRE.—*(Al* PADRE.*)* ¡Mira quién ha venido!

VICENTE.—¿Qué tal le va, padre?[44]

EL PADRE.—¿Por qué me llama padre? No soy cura.

VICENTE.—*(Ríe a carcajadas.)* ¡Ya veo que sigue sin
5   novedad![45] Pues ha de saber que le he traído cosas
muy lindas. *(Abre la cartera.)* Revistas y postales. *(Se
las pone en la mesa.)*

EL PADRE.—Muy amable, caballero. Empezaba a quedarme sin gente y no es bueno estar solo. *(Hojea una
10   revista.)*

VICENTE.—*(Risueño.)* ¡Pues ya tiene compañía! *(Se
acerca a la cómoda.)* ¡Caramba! ¡Ensaimadas!

LA MADRE.—*(Feliz.)* Ahora mismo traigo el café. ¿Te
quedas a cenar?

15 VICENTE.—¡Ni dos minutos! Tengo mil cosas que hacer.
(Se sienta en el sofá.)

LA MADRE.—*(Decepcionada.)* ¿Hoy tampoco?

VICENTE.—De veras que lo siento, madre.

LA MADRE.—Voy por el café. *(Inicia la marcha.)*[46]

20 VICENTE.—*(Se levanta y saca un sobre azul.)* Toma,
antes de que se me olvide.

LA MADRE.—Gracias, hijo. Viene a tiempo, ¿sabes?
Mañana hay que pagar el plazo de la lavadora.

VICENTE.—Pues ve encargando la nevera.[47]

25 LA MADRE.—¡No! Eso, todavía...

VICENTE.—¡Si no hay problema! Me tenéis a mí. *(LA
MADRE lo mira, conmovida. De pronto le da otro
beso y corre rápida a refugiarse en la cocina.)* A ti
te he traído pruebas. *(Saca el sobre de su cartera.)*

---

44. **¿Qué tal le va, padre?** How is everything going, Father?
45. **¡Ya veo...novedad!** I can see he is the same as ever!
46. **Inicia la marcha.** She starts to walk away.
47. **Pues...nevera.** Well you can go ahead and order the refrigerator.

(MARIO *lo toma en silencio y va a dejarlo en su mesita. Entretanto* EL PADRE *se ha levantado y los mira, caviloso. Da unos pasos y señala a la mesa.)*

* * * * *

EL PADRE.—¿Quién es ése?
VICENTE.—¿Cómo?   5
EL PADRE.—Ése...que lleva un hongo.
VICENTE.—¿Qué dice?

(MARIO *ha comprendido.* EL PADRE *tira de él, lo lleva a la mesa y pone el dedo sobre una postal.)*

EL PADRE.—Aquí.   10
VICENTE.—*(Se acerca.)* Es la plaza de la Ópera, en París. Todos llevan hongo; es una foto antigua.
EL PADRE.—Éste.
VICENTE.—Uno que pasó entonces. Uno cualquiera.
EL PADRE.—*(Enérgico.)* ¡No!   15
MARIO.—*(Suave.)* Ya habrá muerto.
EL PADRE.—*(Lo mira asustado.)* ¿Qué dices? *(Busca entre las revistas y toma una lupa.)*
VICENTE.—¿Una lupa?
MARIO.—Tuve que comprársela. No es la primera vez 20 que hace esa pregunta.

(EL PADRE *se ha sentado y está mirando la postal con la lupa.)*

VICENTE.—*(A media voz.)* ¿Empeora?
MARIO.—No sé.   25
EL PADRE.—No está muerto. Y esta mujer que cruza, ¿quién es? *(Los mira.)* Claro. Vosotros no lo sabéis. Yo, sí.

VICENTE.—¿Sí? ¿Y el señor del hongo?[48]

EL PADRE.—*(Grave.)* También.

VICENTE.—Y si lo sabía, ¿por qué nos lo pregunta?

EL PADRE.—Para probaros.

5 VICENTE.—*(Le vuelve la espalda y contiene la risa.)* Se cree Dios....

(EL PADRE lo mira un segundo y se concentra en la postal. MARIO esboza un leve gesto de aquiescencia.)

LA MADRE.—*(Sale de la cocina con una bandeja repleta*
10 *de tazones. Mientras avanza por el pasillo.)* ¿Cuándo te vas a casar, Vicente?

EL PADRE.—*(Mirando su postal.)* Ya me casé una vez.

LA MADRE.—*(Mientras el hijo mayor ríe.)* Claro. Y yo otra. *(EL PADRE la mira.)* ¡No te hablo a ti, tonto!
15 *(Deposita la bandeja y va poniendo tazones sobre la mesa.)* ¡Y deja ya tus muñecos, que hay que merendar! Toma. Para ti una pizca, que la leche te perjudica. *(Le pone un tazón delante. Le quita la lupa y la postal. Él la mira, pero no se opone. Ella recoge*
20 *postales y revistas, y las lleva a la cómoda.)* Siéntate, hijo. *(VICENTE se sienta a la mesa.)* Y yo junto al niño, porque si no, se pone perdido. *(Lleva las ensaimadas a la mesa.)* ¡Coge una ensaimada, hijo!

VICENTE.—Gracias. *(Toma una ensaimada y empieza a*
25 *merendar. MARIO toma otra.)*

LA MADRE.—*(Sentada junto a su marido, le da una ensaimada.)* ¡Toma! ¿No querías una? *(EL PADRE la toma.)* ¡Moja! *(EL PADRE la moja.)* No me has contestado, hijo. ¿No te gusta alguna chica?

30 VICENTE.—Demasiadas.

LA MADRE.—¡Asqueroso!

48. ¿**Sí? ¿Y el señor del hongo?** Do you? And the man in the derby?

EL PADRE.—¿Por dónde como esto?[49]

LA MADRE.—¡Muerde por donde has mojado! *(EL PADRE se lleva la ensaimada a los ojos.)* ¡La boca, la boca! No hay quien pueda contigo.[50] *(Le quita la ensaimada y se la va dando como a un niño, tocándole* 5 *los labios a cada bocado para que los abra.)* ¡Toma!

VICENTE.—¿Así está?[51]

MARIO.—Unas veces lo sabe y otras se le olvida.

LA MADRE.—Toma otra, Vicente.

EL PADRE.—¿Tú te llamas Vicente? 10

VICENTE.—Sí.

EL PADRE.—¡Qué casualidad! Tocayo mío.[52]

(VICENTE ríe.)

LA MADRE.—*(Al* PADRE.*)* Tú come y calla. *(Le brinda otro bocado.)* 15

EL PADRE.—No quiero más. ¿Quién va a pagar la cuenta?

LA MADRE.—*(Mientras* VICENTE *ríe de nuevo.)* Ya está pagada. Y toma....

EL PADRE.—*(Rechaza el bocado y se levanta, irritado.)* ¡Me voy a mi casa! 20

LA MADRE.—*(Se levanta e intenta retenerlo.)* ¡Si estás en tu casa!

EL PADRE.—¡Esto es un restaurante! *(Intenta apartar a su mujer.* VICENTE *se levanta.)*

LA MADRE.—Escucha... 25

EL PADRE.—¡Tengo que volver con mis padres! *(Va hacia el fondo.)*

---

49. **¿Por dónde como esto?** Where do I begin eating this?
50. **No hay...contigo.** You're hopeless.
51. **¿Así está?** Is he really that bad?
52. **Tocayo mío.** That is the same name as mine.

La madre—*(Tras él, le dice a* Vicente.*)* Disculpa, hijo.
No se le puede dejar solo.

El padre.—*(En el pasillo.)* ¿Dónde está la puerta?

(Abre la de su dormitorio y se mete. La madre *entra*
5 *tras él, cerrando.)*

Vicente.—*(Da unos pasos hacia el pasillo y luego se
vuelve hacia su hermano, que no se ha levantado.)*
Antes no se enfadaba tanto....

Mario.—*(Trivial.)* Se le pasa pronto.[53] *(Apura su tazón*
10 *y se limpia la boca.)* ¿Qué tal va tu coche?[54]

Vicente.—¡Ah! ¿Ya lo sabes? Es poca cosa, aunque
parece algo. Pero en estos tiempos resulta imprescindible....

Mario.—*(Muy serio.)* Claro. El desarrollo económico.

15 Vicente.—Eso. *(Se acerca.)* Y a ti, ¿qué tal te va?

Mario.—También prospero. Ahora me han encargado
la corrección de estilo de varios libros.

Vicente.—¿Tienes novia?

Mario.—No.

20 *(*Encarna *entra por el primer término izquierdo.*
Vicente *toma otra ensaimada y, mientras la muerde,
vuelve al pasillo y escucha.* Encarna *consulta su reloj
y se sienta al velador del cafetín, mirando hacia la
derecha como si esperase a alguien.)*

25 Vicente.—Parece que está más tranquilo.

Mario.—Ya te lo dije.

Vicente.—*(Mira su reloj, vuelve al cuarto y cierra su*

---

53. **Se le pasa pronto.** He gets over it quickly.
54. **¿Qué tal va tu coche?** How's your car?

cartera.) Se me ha hecho tarde....[55] *(El* Camarero *entra por la izquierda.* Encarna *y él cambian en voz baja algunas palabras. El* Camarero *se retira.)* Tendré que despedirme.... *(*Vicente *inicia la marcha hacia el pasillo.)*   5

Mario.—¿Cómo encuentras a nuestro padre?

Vicente.—*(Se vuelve, sonriente.)* Muy divertido. *(Se acerca.)* ¿No se le ha ocurrido ninguna broma con la televisión?

Mario.—Verás....   10

*(*Vicente *mira a todos lados.)*

Vicente.—¿Dónde la habéis puesto? La instalaron aquí....

*(*Encarna *consulta la hora, saca un libro de su bolso y se pone a leer.)*

* * * * *

Mario.—¿Has visto cómo se ha irritado? Últimamente 15
se irrita con frecuencia....

Vicente.—¿Sí?

Mario.—Los primeros días se sentaba ante el aparato y de vez en cuando miraba a nuestra madre, que comentaba todos los programas contentísima, figúrate. 20
A veces él parecía inquieto y se iba a su cuarto sin decir palabra.... Una noche transmitieron *El misterio de Elche* y aquello pareció interesarle. A la mitad lo interrumpieron bruscamente para trufarlo con todos esos anuncios de lavadoras, bebidas, detergentes.... 25

---

55. **Se me ha hecho tarde.** I didn't realize how late it was.

Cuando nos quisimos dar cuenta se había levantado
y destrozaba a silletazos el aparato.[56]

Vicente.—¿Qué?

Mario.—Hubo una explosión tremenda. A él no le pasó
5 nada, pero el aparato quedó hecho añicos....[57]

(Un silencio. El Camarero *vuelve al velador y sirve a*
Encarna *un café con leche.)*

Vicente.—*(Pensativo.)* Él no era muy creyente....

Mario.—No.

10 *(Un silencio.* Encarna *echa dos terrones, bebe un*
sorbo y vuelve a su lectura.)

Vicente.—*(Reacciona.)* Al fin y al cabo, no sabe lo
que hace.

Mario.—Reconocerás que lo que hizo tiene sentido.

15 Vicente.—Lo tendría en otra persona, no en él.

Mario.—¿Por qué no en él? Tú mismo has dicho que
se creía Dios....

Vicente.—¡Bromeaba!

Mario.—Tú no le observas tanto como yo.

20 Vicente.—¿También tú vas a desquiciarte, Mario?
¡Es una esclerosis senil!

Mario.—No tan senil.

Vicente.—No te entiendo.

Mario.—El médico habló últimamente de un posible
25 factor desencadenante....[58]

Vicente.—Eso es nuevo.... ¿Qué factor?

---

56. **Cuando nos quisimos...el aparato.** Before we realized what was
happening, he had gotten up and was smashing the set with a chair.
57. **quedó hecho añicos** was smashed to pieces
58. **un posible factor desencadenante** a possible precipitating factor

Mario.—No sé.... Por su buen estado general, le extrañó lo avanzado del proceso.[59] Nuestro padre tiene ahora setenta y seis años, y ya hace cuatro que está así....

Vicente.—A otros les pasa con menos edad.

Mario.—Es que a él le sucedió por primera vez mucho 5 antes. Tú ya te habías ido de casa.

Vicente.—¿Qué sucedió?

Mario.—Se levantó una noche y anduvo por aquí diciendo incoherencias.... Y sólo tenía cincuenta y siete años. Madre dormía, pero yo estaba desvelado. 10

Vicente.—Nunca lo dijiste.

Mario.—Como no volvió a suceder en tantos años, lo había olvidado.

(Un silencio.)

Vicente.—*(Pasea.)* De todos modos, no encuentro que 15 sus reacciones signifiquen nada.... Es como un niño que dice bobadas.

Mario.—No sé.... Ahora ha inventado nuevas manías.... Ya has visto una de ellas: preguntar quién es cualquier hombrecillo de cualquier postal. *(Se levanta y* 20 *va al frente, situándose ante el invisible tragaluz.)*

Vicente.—*(Ríe.)* Según él, para probarnos. Es gracioso.

Mario.—Sí. Es curioso. ¿Te acuerdas de nuestro juego de muchachos?

Vicente.—¿Qué juego? 25

Mario.—Abríamos este tragaluz para mirar las piernas que pasaban y para imaginar cómo eran las personas.

Vicente.—*(Riendo.)* ¡El juego de las adivinanzas! Ni me acordaba.

---

59. **le extrañó...del proceso** he was surprised at the advanced stage of his condition

Mario.—Desde que rompió la televisión le gusta que se lo abramos y ver pasar la gente....

Vicente.—*(Paseando.)* Como un cine.

Mario.—*(Sin volverse.)* Él lo llama de otro modo. Hoy
5   ha dicho que es un tren.

(Vicente *se detiene en seco y lo mira. Breve silencio.)*

La madre.—*(Sale del dormitorio y vuelve al cuarto de estar.)* Perdona, hijo. Ahora ya está tranquilo.

Vicente.—Me voy ya, madre.

10 La madre.—¿Tan pronto?

Vicente.—¡Tan tarde! Llevo retraso.[60]

Mario.—*(Que se volvió al oír a su madre.)* Yo también salgo.

Vicente.—¿Te acerco a algún lado?[61]

15 Mario.—Te acompaño hasta la esquina solamente.

La madre.—También a mí me gustaría, por ver tu coche, que todo se sabe....[62]

Vicente.—No es gran cosa.

La madre.—Eso dirás tú. Otro día páralo aquí delante.
20   No seas tan mirado.... Pocas ensaimadas te has comido....

Vicente.—Otro día me tomaré la bandeja entera. *(Señala al pasillo.)* ¿Me despido de él?

La madre.—Déjalo, no vaya a querer irse otra vez.[63]
25   *(Ríe.)* ¿Sabes por dónde se empeñaba en salir de casa? ¡Por el armario!

Vicente.—*(Riendo, a su hermano.)* ¿No te lo dije? ¡Igual

---

60. **Llevo retraso.** I am running late.
61. ¿**Te acerco a algún lado**? Can I drop you off somewhere?
62. **que todo se sabe** because those things get around
63. **Déjalo...otra vez.** Leave him alone, or else he might want to go out again.

que un niño! *(Recoge su cartera y se encamina a la salida.)*

(MARIO recoge de la mesita su cajetilla y va tras ellos.)

LA MADRE.—¡Que vuelvas pronto, hijo!
VICENTE.—*(En el pasillo.)* ¡Prometido! *(Abre la puerta* 5
de la casa, barbillea a su madre con afecto y sale.)
MARIO.—*(Sale tras él.)* Hasta luego, madre.
LA MADRE.—*(Desde el quicio.)* Adiós.... *(Cierra, con un suspiro, vuelve al cuarto de estar y va recogiendo los restos de la merienda, para desaparecer con ellos* 10
en la cocina.)

(La luz se amortigua en el cuarto de estar; mientras LA MADRE termina sus paseos, la joven pareja de investigadores reaparece. ENCARNA, impaciente, consulta su reloj y bebe otro sorbo.) 15

ÉL.—El fantasma de la persona a quien esperaba esta mujer tardará un minuto.
ELLA.—Lo aprovecharemos para comentar lo que habéis visto.
ÉL.—¿Habéis visto realidades, o también pensamientos? 20
ELLA.—Sabéis todos que los detectores lograron hace tiempo captar pensamientos que, al visualizarse intensamente, pudieron ser recogidos como imágenes. La presente experiencia parece ser uno de esos casos; pero algunas de las escenas que habéis visto pu- 25
dieron suceder realmente, aunque Encarna y Vicente las imaginasen al mismo tiempo en su oficina. ¿Las pensaron con tanta energía que nos parecen reales sin serlo?
ÉL.—¿Las percibieron cuando se desarrollaban, cre- 30
yendo imaginarlas?

ELLA.—¿Dónde está la barrera entre las cosas y la mente?

ÉL.—Estáis presenciando una experiencia de realidad total: sucesos y pensamientos en mezcla inseparable.

5 ELLA.—Sucesos y pensamientos extinguidos hace siglos.

ÉL.—No del todo, puesto que los hemos descubierto. *(Por* ENCARNA.*)* Mirad a ese fantasma. ¡Cuán vivo nos parece!

ELLA.—*(Con el dedo en los labios.)* ¡Chist! Ya se pro-
10 yecta la otra imagen. *(*MARIO *aparece tras ellos por la derecha y avanza unos pasos mirando a* ENCARNA.*)* ¿No parece realmente viva?

* * * * *

(La pareja sale. La luz del primer término crece. ENCARNA *levanta la vista y sonríe a* MARIO. MARIO *llega*
15 *a su lado y se dan la mano. Sin desenlazarlas,*[64] *se sienta él al lado de ella.)*

ENCARNA.—*(Con dulzura.)* Has tardado...

MARIO.—Mi hermano estuvo en casa.

ENCARNA.—Lo sé. *(Ella retira suavemente su mano. Él*
20 *sonríe, turbado.)*

MARIO.—Perdona.

ENCARNA.—¿Por qué hemos tardado tanto en cono-cernos? Las pocas veces que ibas por la Editora no mirabas a nadie y te marchabas en seguida....
25 Apenas sabemos nada el uno del otro.

MARIO.—*(Venciendo la resistencia de ella, vuelve a tomarle la mano.)* Pero hemos quedado en con-tárnoslo.

ENCARNA.—Nunca se cuenta todo.

---

64. **Sin desenlazarlas** Without letting go of her hand

(El Camarero *reaparece. Ella retira vivamente su mano.)*

Mario.—Cerveza, por favor. *(El* Camarero *asiente y se retira.* Mario *sonríe, pero le tiembla la voz.)* Habrá pensado que somos novios.   5

Encarna.—Pero no lo somos.

Mario.—*(La mira con curiosidad.)* Sólo confidentes... por ahora. Cuéntame.

Encarna.—Si no hay otro remedio...

Mario.—*(La sonríe.)* No hay otro remedio.   10

Encarna.—Yo...soy de pueblo. Me quedé sin madre de muy niña. Mi padre se alquilaba de bracero cuando podía.[65] Pero ya no había trabajo para nadie, y nos vinimos hace seis años.

Mario.—Como tantos otros...   15

Encarna.—Mi padre siempre decía: tú saldrás adelante. Se colocó de albañil, y ni dormía por aceptar chapuzas.[66] Y me compró una máquina, y un método, y libros.... Y cuando me veía encendiendo la lumbre, o barriendo, o acarreando agua—porque vivíamos en 20 las chabolas—me decía: «Yo lo haré. Tú estudia.» Y quería que me vistiese lo mejor posible, y que leyese mucho, y que... *(Se le quiebra la voz.)*

Mario.—Y lo consiguió.

Encarna.—Pero se mató. Iba a las obras cansado, 25 medio dormido, y se cayó hace tres años del andamio. *(Calla un momento.)* Y yo me quedé sola. ¡Y tan asustada! Un año entero buscando trabajo, de pensión en pensión... ¡Pero entonces supe defen-

---

65. **Mi padre...podía.** My father took work as a day laborer when he could.

66. **y ni dormía...chapuzas** and he worked day and night at all sorts of odd jobs

derme, te lo aseguro! *(A media voz.)* Hasta que entré en la Editora. *(Lo mira a hurtadillas.)*

MARIO.—No sólo has sabido defenderte. Has sabido luchar limpiamente, y formarte.... Puedes estar
5   orgullosa.

ENCARNA.—*(De pronto, seca.)* No quisiera seguir hablando de esto.

(Él la mira, intrigado. El CAMARERO *vuelve con una caña de cerveza, la deposita ante* MARIO *y va a*
10   *retirarse.)*

MARIO.—Cobre todo. *(Le tiende un billete. El* CAMARERO *le da las vueltas y se retira.* MARIO *bebe un sorbo.)*

ENCARNA.—Y tú ¿por qué no has estudiado?

MARIO.—*(Con ironía.)* La guerra civil terminó cuando
15   yo tenía diez años. Mi padre estaba empleado en un Ministerio y lo depuraron.... Cuando volvimos a Madrid hubo que meterse en el primer rincón que encontramos: en ese sótano...de donde ya no hemos salido. Y años después, cuando pudo pedir el rein-
20   greso, mi padre ya no quiso hacerlo.[67] Yo seguí leyendo y leyendo, pero...hubo que sacar adelante la casa.[68]

ENCARNA.—¿Y tu hermano?

MARIO.—*(Frío.)* Estuvo con nosotros hasta que lo
25   llamaron a filas.[69] Luego decidió vivir por su cuenta.

ENCARNA.—Podrías haber prosperado como él.... Quizá entrando en la Editora....

MARIO.—*(Seco.)* No quiero entrar en la Editora.

---

67. cuando pudo...hacerlo when the time came to ask for his job back, my father refused to do it
68. hubo que...casa it was necessary to support the family
69. hasta que...filas until they called him for military service

Encarna.—Pero...hay que vivir....

Mario.—Ésa es nuestra miseria: que hay que vivir.

Encarna.—*(Asiente, después de un momento.)* Hoy mismo, por ejemplo...

Mario.—¿Qué?   5

Encarna.—No estoy segura.... Ya sabes que ahora entra un grupo nuevo.

Mario.—Sí.

Encarna.—Yo creo que a Beltrán no le editan la segunda novela. ¡Y es buenísima! ¡Y a tu hermano también 10 le gustaba!

Mario.—*(Con vivo interés.)* ¿Qué ha pasado?

Encarna.—Tu hermano hablaba con Juan por teléfono y me hizo salir. Después dijo que, en esa novela, Beltrán se había equivocado. Y de las pruebas que 15 te ha llevado hoy, quitó un artículo que hablaba bien de él.

Mario.—El nuevo grupo está detrás de eso. Lo tienen sentenciado.[70]

Encarna.—Alguna vez lo han elogiado.   20

Mario.—Para probar su coartada.... Y mi hermano, metido en esas bajezas. *(Reflexiona.)* Escucha, Encarna. Vas a vigilar y a decirme todo lo que averigües de esa maniobra. ¡Tenemos que ayudar a Beltrán!   25

Encarna.—Tú eres como él.

Mario.—*(Incrédulo.)* ¿Como Beltrán?

Encarna.—Esa manera suya de no pedir nada, allí, donde he visto suplicar a todo el mundo....

Mario.—Él sí ha salido adelante sin mancharse. Al- 30 guna vez sucede.... *(Sonríe.)* Pero yo no tengo su talento. *(Grave.)* Ni quizá su bondad. Escucha lo que he soñado esta noche. Había un precipicio....

---

70. **Lo tienen sentenciado.** They have it in for him.

Yo estaba en uno de los lados, sentado ante mis pruebas.... Por la otra ladera corría un desconocido, con una cuerda atada a la cintura. Y la cuerda pasaba sobre el abismo, y llegaba hasta mi muñeca.
5   Sin dejar de trabajar, yo daba tironcitos...y lo iba acercando al borde.[71] Cuando corría ya junto al borde mismo, di un tirón repentino y lo despeñé.

(Un silencio.)

ENCARNA.—Tú eres el mejor hombre que he conocido.
10   Por eso me lo has contado.
MARIO.—Te lo he contado porque quiero preguntarte algo. *(Se miran, turbados. Él se decide.)* ¿Quieres ser mi mujer? *(Ella desvía la vista.)* ¿Lo esperabas? *(Ella asiente. Él sonríe.)* Nunca ganaré gran cosa. Si
15   me caso contigo haré un matrimonio ventajoso.
ENCARNA.—*(Triste.)* No bromees.
MARIO.—*(Grave.)* Encarna, soy un hombre quebrado. Pero si tu tristeza y la mía se unen, tal vez logremos una extraña felicidad.
20 ENCARNA.—*(A punto de llorar.)* ¿De qué tristeza hablas?
MARIO.—No finjas.
ENCARNA—¿Qué sabes tú?
MARIO.—Nada. Pero lo sé. *(Ella lo mira, turbada.)* ¿Quieres venir ahora a casa de mis padres? *(Ella lo*
25   *mira con alegría y angustia.)* Antes de que decidas, debes conocerlos.
ENCARNA.—Los conozco ya. Soy yo quien reúne para tu padre revistas y postales.... Cuanta más gente ve en ellas, más contento se pone, ¿verdad? *(Sonríe.)*
30 MARIO.—*(Asiente, pensativo.)* Y a menudo pregunta: ¿Quién es éste?... ¿O éste?

71. **y lo iba...borde** and little by little I drew him near the edge

ENCARNA.—Tu hermano apartó hoy una postal porque en ella no se veía gente. Así voy aprendiendo cosas de tus padres.

MARIO.—¡También le gustan sin gente! ¿Era algún monumento? 5

ENCARNA.—No. Un tren antiguo. *(MARIO se yergue, mirándola fijamente. Ella, sin mirarlo, continúa después de un momento.)* Mario, iremos a tu casa si quieres. ¡Pero no como novios!

MARIO.—*(Frío, distante.)* Déjame pensar. *(Ella lo mira,* 10 *desconcertada. La* ESQUINERA *entra por la derecha y se detiene un momento, atisbando por todos lados la posible llegada de un cliente.* ENCARNA *se inmuta al verla.* MARIO *se levanta.)* ¿Vamos?

ENCARNA.—No como novios, Mario. 15

MARIO.—*(Frío.)* Te presentaré como amiga. *(*ENCARNA *llega a su lado. La prostituta sonríe con cansada ironía y cruza despacio.* ENCARNA *se coge del brazo de* MARIO [72] *al verla acercarse.* MARIO *va a caminar, pero ella no se mueve.)* ¿Qué te pasa? 20

(La prostituta se aleja y sale, contoneándose, por la izquierda.)

ENCARNA.—Tú no quieres jugar conmigo, ¿verdad?

MARIO.—*(Molesto.)* ¿A qué viene eso? [73]

ENCARNA.—*(Baja la cabeza.)* Vamos. 25

* * * * *

(Salen por la derecha. El CAMARERO *entró poco antes a recoger los servicios* [74] *y pasa un paño por el vela-*

---

72. **Encarna se coge...Mario** Encarna takes Mario's arm
73. **¿A qué viene eso?** What makes you say that?
74. **a recoger los servicios** to clear the table

dor mientras la luz se extingue. Los investigadores
reaparecen por ambos laterales. Sendos focos los
iluminan. El Camarero *sale y ellos hablan.)*

Ella.—La escena que vais a prescenciar sucedió siete
5   días después.
Él.—Imposible reconstruir lo sucedido en ellos. Los
     detectores soportaron campos radiantes muy inten-
     sos y sólo se recogían apariciones fragmentarias.
Ella.—Los investigadores conocemos bien ese relam-
10   pagueo de imágenes que a muchos de nosotros les
     llevó a abandonar su labor, desalentados por tanta
     inmensidad....
Él.—Los aparatos espacializan las más extrañas vi-
     siones: luchas de pájaros, manos que saludan, el
15   incendio de una ciudad, hormigas sobre un cadáver,
     llanuras heladas...
Ella.—Yo vi antropoides en marcha, y niños ateridos
     tras una alambrada...
Él.—Y vimos otras imágenes incomprensibles, de algún
20   astro muy lejano o de civilizaciones ya olvidadas.
     Presencias innumerables cuya podre forma   hoy
     nuestros cuerpos y que hemos de devolver a la nada
     para no perder la historia que se busca y que acaso
     no sea tan valiosa.
25 Ella.—La acción más oculta o insignificante puede
     ser descubierta un día. El misterioso espacio todo lo
     preserva.
Él.—Cada suceso puede ser percibido desde algún
     lugar.
30 Ella.—Y a veces, sin aparatos, desde alguna mente
     lúcida.
Él.—El experimento continúa.

(Las oscilaciones luminosas comienzan a vibrar sobre la oficina. Él y Ella *salen por los laterales. La luz se estabiliza. La máquina de escribir está descubierta y tiene papeles en el carro.* Encarna, *a la máquina. La puerta se abre y entra* Mario. Encarna *se vuelve,* 5 *ahogando un suspiro.)*

Mario.—He venido a dejar pruebas y, antes de irme, se me ocurrió visitar...a mi hermano.

Encarna.—*(Temblorosa.)* Lleva tres horas con los nuevos consejeros. 10

Mario.—Y su secretaria, ¿está visible?

Encarna.—*(Seria.)* Ya ves que sí. [75]

Mario.—*(Cierra y avanza.)* ¿Estás nerviosa?

Encarna.—No sé si continuaré en la casa.

Mario.—¡Bah! Puedes estar tranquila. 15

Encarna.—Pues no lo estoy. Y te agradecería que... no te quedases mucho tiempo.

Mario.—*(Frunce las cejas, toma una silla y se sienta junto a* Encarna, *mirándola fijamente. Ella no lo mira.)* Tres días sin verte. 20

Encarna.—Con la reorganización hemos tenido mucho trabajo....

Mario.—Siempre se encuentra un momento. *(Breve pausa.)* Si se quiere.

Encarna.—Yo...tenía que pensar. 25

Mario.—*(Le toma una mano.)* Encarna...

Encarna.—¡Por favor, Mario!

Mario.—¡Tú sabes ya que me quieres!

Encarna.—¡No! ¡No lo sé!

Mario.—¡Lo sabes! 30

75. **Ya ves que sí.** You see she is.

ENCARNA.—*(Se levanta, trémula.)* ¡No!

MARIO.—*(Se levanta casi al tiempo y la abraza.)* ¿Por qué mientes?

ENCARNA.—¡Suelta!

5   *(Él la besa vorazmente. Ella logra desasirse, denegando obsesivamente, mientras mira a la puerta. MARIO llega a su lado y la toma de los brazos.)*

MARIO.—*(Suave.)* ¿Qué te sucede?

ENCARNA.—Tenemos que hablar.*(Va a la mesa de des-*
10   *pacho, donde se apoya, trémula.)*

MARIO.—Quizá no te gustaron mis padres.

ENCARNA.—Te aseguro que los quiero ya.

MARIO.—Y ellos a ti.

ENCARNA.—*(Se aparta, buscando de qué hablar.)* [76]
15   Tu padre me llamó Elvirita una vez.... ¿Por qué?

MARIO.—Era una hermanita que se nos murió. Tenía dos años cuando terminó la guerra.

ENCARNA.—¿Me confundió con ella?

MARIO.—Si ella viviese, tendría tu edad, más o menos.

20 ENCARNA.—¿De qué murió?

MARIO.—Tardamos seis días en volver a Madrid. Era muy difícil tomar los trenes, que iban repletos de soldados ansiosos de llegar a sus pueblos.... Y era aún más difícil encontrar comida. Leche, sobre todo.
25   Viajamos en camiones, en tartanas, qué sé yo.... La nena apenas tomaba nada.... Ni nosotros.... Murió al cuarto día. De hambre. *(Un silencio.)*

ENCARNA.—*(Le oprime con ternura un hombro.)* Hay que olvidar, Mario.

30 MARIO.—*(Cierra los ojos.)* Ayúdame tú, Encarna.... ¿Te espero luego en el café?

76. **buscando de qué hablar** trying to think of something to say

ENCARNA.—*(Casi llorosa.)* Sí, porque tengo que hablarte.

MARIO.—*(Su tono y su expresión cambian. La mira, curioso.)* ¿De mi hermano?

ENCARNA.—Y de otras cosas.

MARIO.—¿Averiguaste algo? *(Ella lo mira, turbada.)* 5
¿Sí?

ENCARNA.—*(Corre a la puerta del fondo, la abre y espía un momento. Tranquilizada, cierra y toma su bolso.)* Mira lo que he encontrado en el cesto. *(Saca los trozos de papel de una carta rota y los compone* 10 *sobre la mesa.* MARIO *se inclina para leer.)* ¿Entiendes el francés?

MARIO.—Un poco.

ENCARNA.—¿Verdad que hablan de Beltrán?

MARIO.—Piden los derechos de traducción de *Historia* 15 *secreta*, el tercer libro que él publicó. Y como la Editora ya no existe, se dirigen a vosotros por si los tuvierais...con el ruego, en caso contrario,[77] de trasladar la petición al interesado. *(Un silencio. Se miran.)* 20

*(*ENCARNA *recoge aprisa los trozos de papel.)*

MARIO.—No tires esos pedazos, Encarna.

ENCARNA.—No. *(Los vuelve a meter en el bolso.)*

MARIO.—Esperaré a Vicente y le hablaremos de esto.

ENCARNA.—¡No! 25

MARIO.—¡No podemos callar! ¡Se trata de Beltrán![78]

ENCARNA.—*(Se sienta, desalentada, en su silla.)* La carta la he encontrado yo. Déjame intentarlo a mí sola.

MARIO.—¡Conmigo al lado te será más fácil!

ENCARNA.—¡Por favor! 30

---

77. **en caso contrario** in case you don't have them
78. **¡Se trata de Beltrán!** It has to do with Beltrán!

Mario.—*(La mira con insistencia unos instantes.)* No te pregunto si te atreverás, porque tú sabes que debes hacerlo....

Encarna.—Dame unos días....

5 Mario.—¡No, Encarna! Si tú no me prometes hacerlo ahora, me quedo yo para decírselo a Vicente.

Encarna.—*(Rápida.)* ¡Te lo prometo! *(Baja la cabeza. Él le acaricia el cabello con súbita ternura.)* Me echará.

10 Mario.—No tienes que reprocharle nada. Atribúyelo a un descuido suyo.

Encarna.—¿Puedo hacer eso?

Mario.—*(Duro.)* Cuando haya que hablarle claro, lo haré yo. Ánimo, Encarna. En el café te espero.

15 Encarna.—*(Lo mira, sombría.)* Sí. Allí hablaremos.

(La puerta se abre y entra Vicente *con una carpeta en la mano. Viene muy satisfecho.* Encarna *se levanta.)*

Vicente.—¿Tú por aquí?

Mario.—Pasé un momento a saludarte. Ya me iba.

20 Vicente.—¡No te vayas todavía! *(Mientras deja la carpeta sobre la mesa y se sienta.)* Vamos a ver, Mario. Te voy a hacer una proposición muy seria.

Encarna.—¿Me...retiro?

Vicente.—¡No hace falta! *(A* Mario.*)* Encarnita debe
25 saberlo. ¡Escúchame bien! Si tú quieres, ahora mismo quedas nombrado mi secretario. *(*Encarna *y* Mario *se miran.)* Para ti también hay buenas noticias, Encarna: quinientas pesetas más al mes. Seguirás con tu máquina y tu archivo. Pero necesito otro ayu-
30 dante con buena formación literaria. Tú lo comprendes....

Encarna.—Claro. *(Se sienta en su silla.)*

VICENTE.—Tú, Mario. Es un puesto de gran porvenir. Para empezar, calcula algo así como el triple de lo que ahora ganas. ¿Hace?[79]

MARIO.—Verás, Vicente....

VICENTE.—Un momento.... *(Con afecto.)* Lo puedo hacer 5 hoy; más adelante ya no podría. Figúrate la alegría que le íbamos a dar a nuestra madre.... Ahora puedo decirte que me lo pidió varias veces.

MARIO.—Lo suponía.

VICENTE.—También a mí me darías una gran alegría, 10 te lo aseguro....

MARIO.—*(Suave.)* No, Vicente. Gracias.

VICENTE.—*(Reprime un movimiento de irritación.)* ¿Por qué no?

MARIO.—Yo no valgo para esto....   15

VICENTE.—*(Se levanta.)* ¡Yo sé mejor que tú lo que vales! ¡Y ésta es una oportunidad única! ¡No tienes el derecho de rehusarla! ¡Por tu mujer, por tus hijos, cuando los tengas! *(ENCARNA y MARIO se miran.)* ¡Encarna, tú eres mujer y lo entiendes! ¡Dile tú algo! 20

ENCARNA.—*(Muy turbada.)* Sí.... Realmente....

MARIO.—Te lo agradezco de corazón, créeme.... Pero no.

VICENTE.—*(Rojo.)* Esto empieza a ser humillante.... Cualquier otro lo aceptaría encantado...y agradecido.

MARIO.—Lo sé, Vicente, lo sé.... Discúlpame.   25

VICENTE.—¿Qué quiere decir ese «discúlpame»? ¿Que sí o que no?

MARIO.—*(Terminante.)* Que no.

(ENCARNA suspira, decepcionada.)

VICENTE.—*(Después de un momento, muy seco.)* Como 30 quieras. *(Se sienta.)*

79. **¿Hace?** All right?

MARIO.—Adiós, Vicente. Y gracias. *(Sale y cierra. Una pausa.)*

VICENTE.—Hace años que me he resignado a no entenderle. Sólo puedo decir: es un orgulloso y un im-
5 bécil. *(Suspira.)* Nos meterán aquí a otro. Pero tú no te preocupes: sigues conmigo, y con aumento de sueldo.

ENCARNA.—Yo también te doy las gracias.

VICENTE.—*(Con un movimiento de contrariedad.)* No
10 sabe él lo generosa que era mi oferta. Porque le he mentido: no me agradaría tenerle aquí. Con sus rarezas resultaría bastante incómodo.... ¡Ea! No quiero pensarlo más. ¿Algo que firmar?

ENCARNA.—No.

15 VICENTE.—¿Ningún asunto pendiente? *(Un silencio.)* ¿Eh?

ENCARNA.—*(Con dificultad.)* No. *(Y rompe a llorar.)*

VICENTE.—¿Qué te pasa?

ENCARNA.—Nada.

20 VICENTE.—Nervios.... Tu continuidad garantizada...[80] *(Se levanta y va a su lado.)*

ENCARNA.—Eso será.[81]

VICENTE.—*(Ríe.)* ¡Pues no hay que llorarlo, sino celebrarlo! *(Íntimo.)* ¿Tienes algo que hacer?

25 ENCARNA.—Es jueves....

VICENTE.—*(Contrariado.)* Tu amiga.

ENCARNA.—Sí.

VICENTE.—Pensé que hoy me dedicarías la tarde.

ENCARNA.—Ahora ya no puedo avisarla.

30 VICENTE.—Vamos a donde sea, te disculpas y te espero en el coche.

---

80. **Nervios...garantizada** It's your nerves.... Finding out your job is secure...
81. **Eso será.** That must be it.

Encarna.—No estaría bien.... Mañana, si quieres....

(Un silencio.)

Vicente.—*(Molesto.)* A tu gusto.[82] Puedes marcharte.

(Encarna se levanta, recoge su bolso y se vuelve, indecisa, desde la puerta.)   5

Encarna.—Hasta mañana...
Vicente.—Hasta mañana.
Encarna.—Y gracias otra vez....
Vicente.—*(Irónico.)* ¡De nada! De nada.

* * * * *

(Encarna sale. Vicente se pasa la mano por los ojos, 10 *cansado. Repasa unos papeles, enciende un cigarrillo y se recuesta en el sillón. Fuma, abstraído. Comienza a oírse, muy lejano, el ruido del tren, al tiempo que la luz crece y se precisa en el cuarto de estar. La puerta de la casa se abre y entran* Los padres.*)*   15

La madre.—¿A dónde vas, hombre?
El padre.—Está aquí. *(Entra en el cuarto de estar y mira a todos lados.)*
La madre.—¿A quién buscas?
El padre.—Al recién nacido.[83]   20
La madre.—Recorta tus postales, anda.
El padre.—¡Tengo que buscar a mi hijo!

(La puerta de la casa se abre y entra Mario, *que avanza.)*

82. **A tu gusto.** As you wish.
83. **Al recién nacido.** The baby.

La madre.—Siéntate....

El padre.—¡Me quejaré a la autoridad! ¡Diré que no queréis disponer el bautizo!

Mario.—¿El bautizo de quién, padre?

5 El padre.—¡De mi hijo Vicente! *(Se vuelve súbitamente, escuchando.* Mario *se recuesta en la pared y lo observa. El ruido del tren se ha extinguido.)* ¡Calla! Ahora llora.

La madre.—¡Nadie llora!

10 El padre.—Estará en la cocina. *(Va hacia el pasillo.)*

Mario.—Estará en el tren, padre.

La madre.—*(Molesta.)* ¿Tú también?

El padre.—*(Se vuelve.)* ¡Claro! *(Va hacia el invisible tragaluz.)* Vámonos al tren, antes de que el niño

15 crezca. ¿Por dónde se sube?

La madre.—*(Se encoge de hombros y sigue el juego.)* ¡Si ya hemos montado, tonto!

El padre.—*(Desconcertado.)* No.

La madre.—¡Sí, hombre! ¿No oyes la locomotora? Piii....

20 Piii.... *(Comienza a arrastrar los pies, como un niño que juega.)* Chaca-chaca, chaca-chaca, chaca-chaca.... *(Riendo,* El padre *se coloca tras ella y la imita. Salen los dos al pasillo murmurando, entre risas, su «chaca-chaca» y se meten en el dormitorio, cuya*

25 *puerta se cierra. Una pausa.* Mario *se acerca al tragaluz y mira hacia fuera, pensativo.* Vicente *reacciona en su oficina, apaga el cigarrillo y se levanta con un largo suspiro. Mira su reloj y, con rápido paso, sale, cerrando. La luz vibra y se*

30 *extingue en la oficina.* La madre *abre con sigilo la puerta del dormitorio, sale al pasillo, la cierra y vuelve al cuarto de estar sofocando la risa.)* Este hombre me mata. *(Dispone unos tazones en una bandeja, sobre la cómoda.)* Al pasar ante el armario

se ha puesto a mirarse en la luna. Yo le digo: ¿Qué haces? Y me dice, muy bajito: Aquí, que me he encontrado con este hombre. Pues háblale. Y me contesta: ¡Bah! Él tampoco me dice nada. *(Muerta de risa.)* ¡Ay, qué viejo pellejo!...[84] ¿Quieres algo para mojar?

MARIO.—*(Sin volverse.)* No, gracias. *(LA MADRE alza la bandeja y va a irse.)* ¿De qué tren habla?

LA MADRE.—*(Se detiene.)* De alguno de las revistas.... *(Inicia la marcha.)*

MARIO.—O de alguno real.

LA MADRE.—*(Lo mira, curiosa.)* Puede ser. Hemos tomado tantos en esta vida....

MARIO.—*(Se vuelve hacia ella.)* Y también hemos perdido alguno.

LA MADRE.—También, claro.

MARIO.—No tan claro. No se pierde el tren todos los días. Nosotros lo perdimos sólo una vez.

LA MADRE.—*(Inmóvil, con la bandeja en las manos.)* Creí que no te acordabas.

MARIO.—¿No se estará refiriendo a aquél?

LA MADRE.—Él no se acuerda de nada....

MARIO.—Tú sí te acuerdas.

LA MADRE.—Claro, hijo. No por el tren, sino por aquellos días tremendos.... *(Deja la bandeja sobre la mesa.)* El tren es lo de menos. Bueno, se nos llevó a Vicentito, porque él logró meterse por una ventanilla y luego ya no pudo bajar. No tuvo importancia, porque yo le grité: «Vete a casa de la tía Asunción.... Ya llegaremos nosotros». Y allí nos esperó, el pobre, sin saber que, entretanto...se había quedado sin hermanita.

84. ¡**Ay, qué viejo pellejo!** What a silly old fool!

MARIO.—Cuando traje a aquella amiga mía, mi padre la llamó Elvirita.

LA MADRE.—¿Qué me dices?

MARIO.—No lo oíste porque estabas en la cocina.

5 LA MADRE.—*(Lo piensa.)* Palabras que le vienen de pronto.... Pero no se acuerda de nada.

MARIO.—¿Te acuerdas tú mucho de Elvirita, madre?

LA MADRE.—*(Baja la voz.)* Todos los días.

MARIO.—Los niños no deberían morir.

10 LA MADRE.—*(Suspira.)* Pero mueren.

MARIO.—De dos maneras.

LA MADRE.—¿De dos maneras?

MARIO.—La otra es cuando crecen. Todos estamos muertos.

15   *(LA MADRE lo mira, triste, y recoge su bandeja.)*

EL PADRE.—*(Salió de su habitación y vuelve al cuarto de estar.)* Buenas tardes, señora. ¿Quién es usted?

LA MADRE.—*(Grave.)* Tu mujer.

EL PADRE.—*(Muy serio.)* Qué risa, tía Felisa.

20 LA MADRE.—¡Calla, viejo pellejo! *(EL PADRE revuelve postales y revistas sobre la mesa. Elige una postal, se sienta y se pone a recortarla. LA MADRE vuelve a dejar la bandeja y se acerca a MARIO.)* Esa amiga tuya parece buena chica. ¿Es tu novia?

25 MARIO.—No....

LA MADRE.—Pero te gusta.

MARIO—Sí.

LA MADRE.—Yo que tú, me casaba con ella. [85]

MARIO.—¿Y si no quiere?

30 LA MADRE.—¡Huy, hijo! A veces pareces tonto.

---

85. **Yo que tú...ella.** If I were you, I would marry her.

MARIO.—*(Sonríe.)* Suponte que ya se lo he dicho y que no se decide.

LA MADRE.—Será que quiere hacerse valer. [86]

MARIO.—¿Tú crees?

LA MADRE.—*(Dulce.)* Seguro, hijo.   5

EL PADRE.—*(A* MARIO, *por alguien de una postal.)* ¿Quién es éste?

MARIO.—*(Se abraza de pronto a su madre.)* Me gustaría que ella viniese con nosotros.

LA MADRE.—Vendrá...y traerá alegría a la casa, y niños.... 10

MARIO.—No hables a mi hermano de ella. Todavía no.

LA MADRE.—Se alegraría....

MARIO.—Ya lo entenderás. Es una sorpresa.

LA MADRE.—Como quieras, hijo. *(Baja la voz.)* Y tú no le hables a tu padre de ningún tren. No hay que com- 15 plicar las cosas...¡y hay que vivir! *(Se miran fijamente. Suena el timbre de la casa.)* ¿Quién será?

MARIO.—Yo iré.

LA MADRE.—¿La has citado aquí?

MARIO.—No....   20

LA MADRE.—Como ya es visita de la casa...

MARIO.—*(Alegre.)* Es cierto. ¡Si fuera ella...! *(Va a salir al pasillo.)*

* * * * *

EL PADRE.—¿Quién es éste?

*(*MARIO *lo mira un instante y sale a abrir.)*   25

LA MADRE.—*(Al tiempo, a su marido.)* ¡El hombre del saco! ¡Uuuh! *(Y se acerca al pasillo para atisbar.*

---

86. **Será que...valer.** It must be because she wants to play hard to get.

Mario *abre. Es* Vicente.*)* ¡Vicente, hijo! *(*Mario *cierra
en silencio.* Vicente *avanza. Su madre lo abraza.)* ¿Te
sucede algo?

Vicente.—*(Sonríe.)* Te prometí venir más a menudo.

5 La madre.—¡Pues hoy no te suelto en toda la tarde!

Vicente.—No puedo quedarme mucho rato.

La madre.—¡Ni te escucho![87] *(Han llegado al cuarto de
estar.* La madre *corre a la cómoda y saca un bolsillito
de un cajón.)* ¡Y hazme el favor de esperar aquí tran-
10 quilito hasta que yo vuelva! *(Corre por el pasillo.)*
¡No tardo nada![88] *(Abre la puerta del piso y sale
presurosa, cerrando.)*

Mario.—*(Que avanzó a su vez y se ha recostado en la
entrada del pasillo.)* ¿A que trae ensaimadas?[89]

15 Vicente.—*(Ríe.)* ¿A que sí? Hola, padre. ¿Cómo sigue
usted?

*(*El padre *lo mira y vuelve a sus postales.)*

Mario.—Igual, ya lo ves. Supongo que has venido a
hablarme....

20 Vicente.—Sí.

Mario.—Tú dirás. *(Cruza y se sienta tras su mesita.)*

Vicente.—*(Con afecto.)* ¿Por qué no quieres trabajar
en la Editora?

Mario.—*(Lo mira, sorprendido.)* ¿De eso querías ha-
25 blarme?

Vicente.—¡Claro! ¿De qué, si no? *(Contrariado,* Mario
*se golpea con el puño la palma de la mano, se
levanta y pasea.* Vicente *se acerca.)* Para la Editora
ya trabajas, Mario. ¿Qué diferencia hay?

---

87. **¡Ni te escucho!** I won't even listen to you!
88. **¡No tardo nada!** I won't be long at all!
89. **¿A que trae ensaimadas?** Want to bet she'll bring sweet rolls?

MARIO.—*(Duro.)* Siéntate.

VICENTE.—Con mucho gusto, si es que por fin vas a decir algo sensato. *(Se sienta.)*

MARIO.—Quizá no. *(Sonríe.)* Yo vivo aquí, con nuestro padre.... Una atmósfera no muy sensata, ya lo sabes. 5 *(Indica al* PADRE.*)* Míralo. Este pobre demente era un hombre recto, ¿te acuerdas? Y nos inculcó la religión de la rectitud. Una enseñanza peligrosa, porque *(acusador)* no se vive de la rectitud en nuestro tiempo. ¡Se vive del engaño, de la zancadilla, de 10 la componenda!..:. Se vive pisoteando a los demás. ¿Qué hacer, entonces? O aceptas ese juego siniestro... y sales de este pozo...o te quedas en el pozo.

VICENTE.—¿Por qué no salir? *(Frío.)*

MARIO.—Te lo estoy explicando.... Me repugna nuestro 15 mundo. En él no cabe sino comerte a los demás o ser comido.[90] Y encima, todos te dicen: ¡devora antes de que te devoren! Te daremos bellas teorías para tu tranquilidad. La lucha por la vida.... El mal inevitable para llegar al bien necesario.... La caridad 20 bien entendida....[91] Pero yo, en mi rincón, intento comprobar si puedo salvarme de ser devorado... aunque no devore.

VICENTE.—No siempre te estás en tu rincón, supongo.

MARIO.—No siempre. Salgo a desempeñar mil traba- 25 jillos fugaces....

VICENTE.—Algo pisotearás también al hacerlos.

MARIO.—Tan poca cosa.... Me limito a defenderme. Y hasta me dejo pisotear un poco, por no discutir....[92] Pero, por ejemplo, no me enriquezco. 30

---

90. **no cabe sino...comido** the only possibility is to eat up others or be eaten

91. **La caridad bien entendida.** Charity begins at home [sarcastic].

92. **por no discutir** to avoid arguments

VICENTE.—Es toda una acusación. ¿Me equivoco?

EL PADRE.—¿Quién es éste?

(MARIO *va junto a su padre.*)

MARIO.—Usted nos dijo que lo sabía.

5 EL PADRE.—Y lo sé. *(Se les queda mirando, socarrón.)*

MARIO.—*(A su hermano.)* Es curioso. La plaza de la
Opera, en París, el señor del hongo. Y la misma
afirmación.

VICENTE.—Tú mismo has dicho que era un pobre de-
10 mente.

MARIO.—Pero un hombre capaz de preguntar lo que
él pregunta...tiene que ser mucho más que un viejo
imbécil.

VICENTE.—¿Qué pregunta?

15 MARIO.—¿Quién es éste? ¿Y aquél? ¿No te parece
una pregunta tremenda?

VICENTE.—¿Por qué?

MARIO.—¡Ah! Si no lo entiendes.... *(Se encoge de hombros y pasea.)*

20 EL PADRE.—¿Tú tienes hijos, señorito?

VICENTE.—¿Qué?

MARIO.—Te habla a ti.

VICENTE.—Sabe usted que no.

EL PADRE.—*(Sonríe.)* Luego te daré una sorpresa, señorito.

25 *(Y se pone a recortar algo de una revista. MARIO se
detiene.)*

VICENTE.—¿Te referías a mí cuando hablabas de pisotear y enriquecerse?

MARIO.—Sólo he querido decir que tal vez yo no sería
30 capaz de entrar en el juego sin hacerlo.

VICENTE.—*(Se levanta.)* ¡Pero no se puede uno quedar
en el pozo!

MARIO.—¡Alguien tenía que quedarse aquí!

Vicente.—*(Se le enfrenta, airado.)* ¡Si yo no me hubiera marchado, ahora no podría ayudaros!

Mario.—¡Pero en aquellos años había que mantener a los padres...y los mantuve yo! Aunque mal, lo reconozco. 5

Vicente.—¡Los mantuviste: enhorabuena! ¡Ahora puedes venirte conmigo y los mantendremos entre los dos!

Mario.—*(Sincero.)* De verdad que no puedo.

Vicente.—*(Procura serenarse.)* Mario, toda acción es 10 impura. Pero, ¡no harás nada útil si no actúas! Y no conocerás a los hombres sin tratarlos, ni a ti mismo si no te mezclas con ellos.

Mario.—Prefiero mirarlos.

Vicente.—¡Pero es absurdo, es delirante! ¡Estás con- 15 sumiendo tu vida aquí, mientras observas a un alienado o atisbas por el tragaluz piernas de gente insignificante! ¡Estás soñando! ¡Despierta!

Mario.—¿Quién debe despertar? ¡Veo a mi alrededor muchos activos, pero están dormidos! ¡Llegan a 20 creerse tanto más irreprochables cuanto más se encanallan!

Vicente.—¡No he venido a que me insultes!

Mario.—Pero vienes. Estás volviendo al pozo, cada vez con más frecuencia... y eso es lo que más me gusta 25 de ti.

El padre.—*(Interrumpe su recortar y señala a una postal.)* ¿Quién es éste, señorito? ¿A que no lo sabes?

Mario.—La pregunta tremenda.

Vicente.—¿Tremenda? 30

Mario.—Naturalmente. Porque no basta con responder «Fulano de Tal», ni con averiguar lo que hizo y lo que le pasó. Cuando supieras todo eso, tendrías que seguir preguntando.... Es una pregunta insondable.

Vicente.—Pero, ¿de qué hablas? 35

EL PADRE.—*(Que los miraba, señala otra vez a la postal.)*
Habla de éste. *(Y recorta de nuevo.)*

MARIO.—¿Nunca te lo has preguntado tú ante una postal vieja? ¿Quién fue éste? Pasó en aquel momento
5 por allí.... ¿Quién era? A los activos como tú no les importa. Pero yo me lo tropiezo ahí,[93] en la postal, inmóvil....

VICENTE.—O sea, muerto.

MARIO.—Sólo inmóvil. Como una pintura muy viva;
10 como la fotografía de una célula muy viva. Lo retrataron; ni siquiera se dio cuenta. Y yo pienso.... Te vas a reír....

VICENTE.—*(Seco.)* Puede ser.

MARIO.—Pienso si no fue retratado para que yo, mu-
15 chos años después, me preguntase quién era. *(*VICENTE *lo mira con asombro.)* Sí, sí; y también pienso a veces si se podría.... *(Calla.)*

VICENTE.—¿El qué?

MARIO.—Emprender la investigación.

20 VICENTE.—No entiendo.

MARIO.—Averiguar quién fue esa sombra. Ir a París, publicar anuncios, seguir el hilo.... ¿Encontraríamos su recuerdo? ¿O acaso a él mismo, ya anciano, al final del hilo? Y así, con todos.

25 VICENTE.—*(Estupefacto.)* ¿Con todos?

MARIO.—Tonterías. Figúrate. Es como querer saber el comportamiento de un electrón en una galaxia lejanísima.

VICENTE.—*(Riendo.)* ¡El punto de vista de Dios!

30 *(*EL PADRE *los mira gravemente.)*

MARIO.—Que nunca tendremos, pero que anhelamos.

VICENTE.—*(Se sienta, aburrido.)* Estás loco.

93. **Pero yo me lo tropiezo ahí** But I come across him there

MARIO.—Sé que es un punto de vista inalcanzable. Me conformo por eso con observar las cosas, *(Lo mira.)* y a las personas, desde ángulos inesperados....

VICENTE.—*(Despectivo, irritado.)* Y te las inventas, como hacíamos ante el tragaluz cuando éramos 5 muchachos.

MARIO.—¿No nos darán esas invenciones algo muy verdadero que las mismas personas observadas ignoran?

VICENTE.—¿El qué? 10

MARIO.—Es difícil explicarte.... Y además, tú ya no juegas a eso.... Los activos casi nunca sabéis mirar. Sólo veis los tópicos en que previamente creíais. Yo procuro evitar el tópico. Cuando me trato con ellos me pasa lo que a todos.[94] Noto que son unos pobres 15 diablos, que son hipócritas, que son enemigos, que son deleznables.... Una tropa de culpables y de imbéciles. Así que observo...esas piernas que pasan. Y entonces creo entender que también son otras cosas...inesperadamente hermosas. O sorprendentes. 20

VICENTE.—*(Burlón.)* ¿Por ejemplo?

MARIO.—*(Titubea.)* No es fácil dar ejemplos. Un ademán, una palabra perdida.... No sé. Y, muy de tarde en tarde,[95] alguna verdadera revelación.

EL PADRE.—*(Mirándose las manos.)* ¡Cuántos dedos! 25

VICENTE.—*(A su hermano.)* ¿Qué ha dicho?

EL PADRE.—*(Levanta una mano.)* Demasiados dedos. Yo creo que estos dos sobran. *(Aproxima las tijeras a su meñique izquierdo.)*

VICENTE.—*(Se levanta en el acto.)* ¡Cuidado! *(MARIO, 30 que se acercó a su padre, le indica a su hermano*

---

94. **Cuando me trato...todos.** When I deal with them the same thing happens to me as to everybody else.
95. **muy de tarde en tarde** very infrequently

con un rápido ademán que se detenga.) ¡Se va a
hacer daño!

*(Mario deniega y observa a su padre muy atento,
pronto a intervenir. El padre intenta cortarse el*
5 *meñique y afloja al sentir dolor.)*

El padre.—*(Ríe.)* ¡Duele, caramba! *(Y vuelve a recortar
en sus revistas. Mario sonríe.)*
Vicente.—¡Pudo cortarse!
Mario.—Lo habríamos impedido a tiempo. Ahora
10 sabemos que sus reflejos de autodefensa le responden.

* * * * *

Mario.—*(Sonríe.)* Y es que hay que observar, hermano.
Observar y no actuar tanto. ¿Abrimos el tragaluz?
Vicente.—*(Burlón.)* ¿Me quieres brindar una de esas
grandes revelaciones?
15 Mario.—Sólo intento volver un poco a nuestro tiempo
de muchachos.
Vicente.—*(Se encoge de hombros y se apoya en el borde
de la camilla.)* Haz lo que gustes.

(Mario se acerca a la pared invisible y mima el
20 *ademán de abrir el tragaluz. Se oye el ruido de la*
falleba y acaso la luz de la habitación se amortigua
un tanto. Sobre la pared del fondo se proyecta la
luminosa mancha ampliada del tragaluz, cruzada
por la sombra de los barrotes. El padre abandona las
25 *tijeras y mira, muy interesado. No tarda en pasar la*
sombra de las piernas de un viandante cualquiera.)

El padre.—¡Siéntense!
Vicente.—*(Ríe.)* ¡Como en el cine! *(Y ocupa una silla.)*
Mario.—Como entonces. *(Se sienta.)*

(Los tres observan el tragaluz. Ahora son unas piernas femeninas las que pasan, rápidas. Poco después, las piernas de dos hombres cruzan despacio en dirección contraria. Tal vez se oye el confuso murmullo de su charla.) 5

Vicente.—*(Irónico.)* Todo vulgar, insignificante....

(Una pareja cruza: piernas de hombre junto a piernas de mujer. Se oyen sus risas. Cruzan las piernas de otro hombre, que se detiene un momento y se vuelve, al tiempo que se oye decir a alguien: «¡No tengas 10 *tanta prisa!» Las piernas del que habló arrojan su sombra: venía presuroso y se reúne con el anterior. Siguen los dos su camino y sus sombras desaparecen.)*

Mario.—Eso digo yo: no tengas tanta prisa. *(Entre risas y gritos de «¡Maricón el último!»,*[96] *pasan corriendo* 15 *las sombras de tres chiquillos.)* Chicos del barrio. Quizá van a comprar su primer pitillo en la esquina; por eso hablan ya como hombrecitos. Alguna vez se paran, golpean en los cristales y salen corriendo....
Vicente.—Los conocías ya. 20
Mario.—*(Sonríe y concede.)* Sí. *(Al tiempo que cruzan las piernas de un joven.)* ¿Y ése?
Vicente.—¡No has podido ver nada!
Mario.—Llevaba en la mano un papelito, y tenía prisa. ¿Una receta? La farmacia está cerca. Hay un enfer- 25 mo en casa. Tal vez su padre.... *(Vicente deniega con energía, escéptico. Cruza lentamente la sombra de unas piernas femeninas y una maleta.)* ¿Y ésta?
Vicente.—¡Si ya ha pasado!
Mario.—Y tú no has visto nada. 30
Vicente.—Una maleta.

---

96. «¡**Maricón el último**!» "The last one there is a queer!"

FOTO GYENES

Mario.—De cartón. Y la falda, verde manzana. Y el andar, inseguro. Acaso otra chica de pueblo que viene a la ciudad.... La pierna era vigorosa, de campesina.

Vicente.—*(Con desdén.)* ¡Estás inventando!　　　　　5

Mario.—*(Con repentina y desconcertante risa.)* ¡Claro, claro! Todo puede ser mentira.

Vicente.—¿Entonces?

Mario.—Es un juego. Lo más auténtico de esas gentes se puede captar, pero no es tan explicable.　　　10

Vicente.—*(Con sorna.)* Un «no sé qué».[97]

Mario.—Justo.

Vicente.—Si no es explicable no es nada.

Mario.—No es lo mismo «nada» que «no sé qué».

(Cruzan dos o tres sombras más.)　　　　　15

Vicente.—¡Todo esto es un disparate!

Mario.—*(Comenta, anodino y sin hacerle caso, otra sombra que cruza.)* Una madre joven, con el cochecito de su hijo. El niño podría morir hoy mismo, pero ella, ahora, no lo piensa.... *(Ante el gesto de* 20 *fastidio de su hermano.)* Por supuesto, puede ser otra mentira. *(Ante otra sombra, que se detiene.)* ¿Y éste? No tiene mucho que hacer. Pasea.

(De pronto, la sombra se agacha y mira por el tragaluz. Un momento de silencio.)　　　　　25

El padre.—¿Quién es ése?

(La sombra se incorpora y desaparece.)

---

97. **Un «no sé qué».** A "certain something."

VICENTE.—*(Incómodo.)* Un curioso....

MARIO.—*(Domina con dificultad su emoción.)* Como nosotros. Pero, ¿quién es? Él también se pregunta: ¿quiénes son ésos? Ésa sí era una mirada...sobre-
5 cogedora. Yo me siento...él....

VICENTE.—¿Era éste el prodigio que esperabas?

MARIO.—*(Lo considera con ojos enigmáticos.)* Para ti no es nada, ya lo veo. Habrá que probar por otro lado.

10 VICENTE.—¿Probar?

(Los chiquillos vuelven a pasar en dirección contraria. Se detienen y se oyen sus voces: «Aquí nos pueden ver. Vamos a la glorieta y allí la empezamos.» «Eso, eso. A la glorieta.» «¡Maricón el último!» Corren y
15 *desaparecen sus sombras.)*

MARIO.—Los de antes.[98] Hablan de una cajetilla. Ya ves que he acertado.

VICENTE.—Una casualidad.

MARIO.—Desde luego tampoco éste es el prodigio. Sin
20 embargo, yo diría que hoy...

VICENTE.—¿Qué?

MARIO.—*(Lo mira fijamente.)* Nada. *(Cruzan dos o tres sombras.* VICENTE *va a hablar.)* Calla. *(Miran al tragaluz. No pasa nadie.)*

25 VICENTE.—*(Musita.)* No pasa nadie....

MARIO.—No.

VICENTE.—Ahí hay otro.

(Aparece la sombra de unas piernas. Pertenecen a un hombre que deambula sin prisa. Se detiene justa-

---

98. **Los de antes.** The same kids as before.

*mente ante el tragaluz y se vuelve poco a poco, con
las manos en la espalda, como si contemplase la
calle. Da un par de pasos más y vuelve a detenerse.)*

Mario.—*(Espía a su hermano.)* ¡No puede ser!
Vicente.—¿Qué? 5
Mario.—¿No te parece que es...?
Vicente.—¿Quién? *(Un silencio.)* ¿Alguien del barrio?
Mario.—Si es él, me pregunto qué le ha traído por aquí.
Puede que venga a observar....
Vicente.—¿De quién hablas? 10
Mario.—Juraría que es él. ¿No crees? Fíjate bien.
El pantalón oscuro, la chaqueta de mezclilla.... Y
esa manera de llevar las manos a la espalda.... Y esa
cachaza....[99]
Vicente.—*(Muy asombrado.)* ¿Eugenio Beltrán? *(Se* 15
levanta y corre al tragaluz. La sombra desaparece.
Mario *no pierde de vista a su hermano.* Vicente *mira
en vano desde un ángulo.)* No le he visto la cara.
(Se vuelve.) ¡Qué tontería! *(*Mario *guarda silencio.)*
¡No era él, Mario! *(*Mario *no contesta.)* ¿O te referías 20
a otra persona? *(*Mario *se levanta sin responder. La
voz de* Vicente *se vuelve áspera.)* ¿Ves cómo son
figuraciones, engaños? *(*Mario *va al tragaluz.)* ¡Si
éstos son los prodigios que se ven desde aquí, me
río de tus prodigios! ¡Si es ésta tu manera de conocer 25
a la gente, estás aviado! *(Al tiempo que pasa otra
sombra,* Mario *cierra el tragaluz y gira la invisible
falleba. La enrejada mancha luminosa desaparece.)*[100]
¿O vas a sostener que era él? ¡No lo era!
Mario.—*(Se vuelve hacia su hermano.)* Puede que no 30

99. **Y esa cachaza.** And that calm, deliberate way of his.
100. **La enrejada...desaparece.** The patch of light with the bars
disappears.

fuera él. Y puede que en eso, precisamente, esté el prodigio. *(Torna a su mesilla y recoge de allí un pitillo, que enciende.)*

5

(Vicente se ha inmutado; ahora no lo pierde de vista. Va a hablar, pero se arrepiente. La luz vibra y crece en el primer término. Encarna entra por la izquierda, mira hacia la derecha, consulta su reloj y se sienta junto al velador. El padre se levanta llevando en la mano un muñeco que ha recortado.)

10 El padre.—Toma, señorito. *(Vicente lo mira, desconcertado.)* Hay que tener hijos y velar por ellos. Toma uno. *(Vicente toma el muñeco. El padre va a volver a su sillón y se detiene.)* ¿No llora otra vez? *(Vicente lo mira, asombrado.)* Lo oigo en el pasillo. *(Va hacia*

15 *el pasillo. La puerta del fondo se abre y entra La madre con un paquetito.)*

La madre.—*(Mientras cierra.)* Me han hecho esperar, hijo. Ahora mismo merendamos.

El padre.—Ya no llora. *(Vuelve a sentarse para mirar*

20 *revistas.)*

La madre.—Te he traído ensaimadas. *(Exhibe el paquetito y lo deja sobre la cómoda.)* ¡En un momento caliento la leche! *(Corre al pasillo y se detiene al oír a su hijo.)*

25 Vicente.—*(Frío.)* Lo siento, madre. Tengo que irme.

La madre.—Pero hijo...

Vicente.—Se me ha hecho tardísimo. *(Se acerca al Padre para devolverle el muñeco de papel, que conservó en la mano. El padre lo mira. Él vacila y al fin*

30 *se lo guarda en el bolsillo.)* Adiós, madre.

La madre.—*(Que, entretanto, abrió aprisa el paquete.)* Tómate al menos una ensaimada....

VICENTE.—No, gracias. Tengo prisa. *(La besa. Se despide de su hermano sin mirarlo.)* Adiós, Mario. *(Se encamina al pasillo.)*

MARIO.—Adiós.

LA MADRE.—Vuelve pronto.... 5

VICENTE.—Cuando pueda, madre. Adiós.

LA MADRE.—*(Vuelve a besarlo.)* Adiós.... *(Sale* VICENTE. MARIO *apaga bruscamente su pitillo; con gesto extrañamente eufórico, atrapa una ensaimada y la devora.* LA MADRE *lo mira, intrigada.)* Te daré a ti la 10 leche....

MARIO.—Sólo esta ensaimada. *(Recoge su tabaco y se lo guarda.)* Yo también me voy. *(Consulta su reloj.)* Hasta luego. *(Por el pasillo, su voz parece un clarín.)*[101] ¡Está muy rica esta ensaimada, madre! 15 *(Sale.)*

LA MADRE.—*(Se vuelve hacia su marido, pensativa.)* Si pudiéramos hablar como hace años, me contarías.... *(Suspira y se va hacia la cocina, cuya puerta cierra.)*

(Una pausa. Se oye un frenazo próximo. ENCARNA 20 *mira hacia la derecha y se turba. Para ocultar su cara se vuelve un tanto.* VICENTE *aparece por la derecha y llega a su lado.)*

VICENTE.—¿Qué haces tú aquí?

ENCARNA.—¡Hola! ¡Qué sorpresa! 25

VICENTE.—Eso digo yo.

ENCARNA.—Esperaba a mi amiga. *(Consulta la hora.)* Ya no viene.

VICENTE.—¿Cómo lo sabes?

ENCARNA.—Llevo aquí mucho rato...[102] 30

---

101. **su voz parece un clarín** his voice rings out
102. **Llevo aquí mucho rato.** I have been here a long time.

Vicente.—*(Señala al velador.)* ¿Sin tomar nada?

Encarna.—*(Cada vez más nerviosa.)* Bebí una cerveza....
Ya se han llevado el vaso. *(Mira inquieta hacia el
café invisible. Un silencio.)*

5 Vicente.—*(Lanza una ojeada suspicaz hacia la
derecha.)* Mis padres y mi hermano viven cerca.
¿Lo sabías?

Encarna.—Qué casualidad....

Vicente.—*(En tono de broma.)* ¿No será a un amigo
10 a quien esperabas?

Encarna.—*(Roja.)* No me gustan esas bromas.

Vicente.—¿No me invitas a quedarme? Podemos esperar a tu amiga juntos.

Encarna.—¡Si ya no vendrá! *(Baja la cabeza, trémula.)*
15 Pero...como quieras.

Vicente.—*(La mira fijamente.)* Mejor será irse. Ahora
sí que podrás dedicarme la noche....

Encarna.—¡Claro! *(Se levanta, ansiosa.)* ¿A dónde
vamos?

20 Vicente.—A mi casa, naturalmente. *(La toma del brazo
y salen los dos por la derecha.)*

*(El coche arranca. Una pausa. Se oyen golpecitos
en un cristal. El* padre *levanta la vista de sus revistas
y, absorto, mira al tragaluz.* Mario *entra por el
25 primer término derecho y, al ver el velador solitario,*[103] *frunce las cejas. Mira su reloj; esboza un
gesto de desesperanza. Se acerca al velador; vacila.
Al fin se sienta, con expresión sombría. Una pausa.
Los golpecitos sobre el cristal se repiten. El* padre,
30 *que los aguardaba, se levanta; mira hacia el fondo
para cerciorarse de que nadie lo ve y corre a abrir el*

---

103. **al ver el velador solitario** when he sees there is no one at the
café table

tragaluz. La claridad del primer término se amor-
tiguó notablemente. MARIO *es casi una sombra*
inmóvil. Sobre el cuarto de estar vuelve a proyec-
tarse la luminosa mancha del tragaluz. Agachadas
para mirar, se dibujan las sombras de dos niños y 5
una niña.)

VOZ DE NIÑO.—*(Entre las risas de los otros dos.)* ¿Cómo
le va, abuelo?

EL PADRE.—*(Ríe con ellos.)* ¡Hola!

VOZ DEL OTRO NIÑO.—¿Nos da una postal, abuelo? 10

VOZ DE NIÑO.—Mejor un pitillo.

EL PADRE.—*(Feliz.)* ¡No se fuma, granujas!

VOZ DE NIÑA.—¿Se viene a la glorieta, abuelo?

EL PADRE.—¡Ten tú cuidado en la glorieta, Elvirita!
¡Eres tan pequeña! *(Risas de los niños.)* ¡Mario! 15
¡Vicente! ¡Cuidad de Elvirita!

VOZ DEL OTRO NIÑO.—*(Entre las risas de todos.)* ¡Véngase
a jugar, abuelo!

EL PADRE.—*(Riendo.)* ¡Sí, sí! ¡A jugar!

VOZ DE NIÑO.—¡Adiós, abuelo! *(Su sombra se incorpora.)* 20

EL PADRE.—¡Vicente! ¡Mario! ¡Elvirita! *(Las sombras*
inician la marcha, entre risas.) ¡Esperadme!

VOZ DE NIÑA.—Adiós....

(Las sombras desaparecen.)

EL PADRE.—*(Sobre las risas que se alejan.)* ¡Elvirita! 25
(Solloza inconteniblemente, en silencio.)

(Crece una oscuridad casi total, al tiempo que
dos focos iluminan a los investigadores, que apare-
cen por ambos laterales.) [104]

104. **por ambos laterales** one on each side of the stage

ELLA.—*(Sonriente.)* Volved a vuestro siglo.... La primera parte del experimento ha terminado.

(El telón empieza a caer.)

ÉL.—Gracias por vuestra atención.

TELÓN

PARTE SEGUNDA

(El telón comienza a subir lentamente. Se inician las vibraciones luminosas. Los investigadores, uno a cada lateral, están fuertemente iluminados. El escenario está en penumbra; en la oficina y en el cuarto de estar la luz crece un tanto. Inmóvil y sentada a la mesa de la oficina, Encarna. *Inmóviles y abrazados en la vaga oscuridad del pasillo,* La madre y Vicente.*)*

Ella.—Comienza la segunda parte de nuestro experimento.

Él.—Sus primeras escenas son posteriores en ocho días a[1] las que habéis visto. *(Señala a la escena.)* Los proyectores trabajan ya y por ello vemos presencias, si bien aún inmóviles.[2]

Ella.—Los fragmentos rescatados de esos días no son imprescindibles. Vimos en ellos a Encarna y a Vicente trabajando en la oficina y sin hablar apenas....

Él.—También los vimos en una alcoba, que sería quizá la de Vicente, practicando rutinariamente el amor físico.

Ella.—Captamos asimismo algunos fragmentos de la intimidad de Mario y sus padres. Muñecos recortados, pruebas corregidas, frases anodinas.... Minutos vacíos.

---

1. **son posteriores en ocho días a** take place a week after
2. **si bien aún inmóviles** even though they are still motionless

ÉL.—Pero no captamos ningún nuevo encuentro entre Encarna y Mario.

ELLA.—Sin duda no lo hubo.

ÉL.—El experimento se reanuda, con visiones muy
5 nítidas, durante una inesperada visita de Vicente a su antigua casa.

(La luz llega a su normal intensidad en la oficina y en el cuarto de estar. ENCARNA *comienza a moverse lentamente.)*

10 ELLA.—Recordaréis que su hermano se lo había dicho: «Tú vuelves cada vez con más frecuencia.»

ÉL.—*(Señala al escenario.)* El resto de la historia nos revelará los motivos.

(Salen ÉL *y* ELLA *por ambos laterales. La luz crece*
15 *sobre* LA MADRE *y el hijo.* ENCARNA *repasa papeles: está ordenando cartas para archivar. Su expresión es marchita.* LA MADRE *y* VICENTE *deshacen el abrazo. Mientras hablan,* ENCARNA *va al archivador y mete algunas carpetas. Pensativa, se detiene. Luego vuelve*
20 *a la mesa y sigue su trabajo.)*

LA MADRE.—*(Dulce.)* ¡Te me estás volviendo otro![3] Vienes tanto ahora.... *(*VICENTE *sonríe.)* Pasa, pasa. ¿Quieres tomar algo? Leche no queda, pero te puedo dar una copita de anís. *(Llegan al cuarto de estar.)*
25 VICENTE.—Nada, madre. Gracias.

LA MADRE.—O un vasito de tinto....

VICENTE.—De verdad que no, madre.

*(*ENCARNA *mira al vacío, sombría.)*

3. **¡Te me estás volviendo otro!** You are becoming a new man!

LA MADRE.—¡Mala suerte la mía![4]

VICENTE.—¡No lo tomes tan a pecho![5]

LA MADRE.—¡No es eso! Yo tenía que subir a ayudar a la señora Gabriela. Quiere que le enseñe cómo se hacen los huevos a la besamel. Es más burra....[6]   5

VICENTE.—Pues sube.

LA MADRE.—¡Que se espere![7] Tu padre salió a pasear con el señor Anselmo. No tardarán en volver, pero irán arriba.

VICENTE.—*(Se sienta con aire cansado.)* ¿No está Mario?   10

LA MADRE.—Tampoco.

*(*ENCARNA *deja sus papeles y oculta la cabeza entre las manos.)*

VICENTE.—¿Qué tal sigue padre? *(Enciende un ciga-rrillo.)*   15

LA MADRE.—Bien, a su modo. *(Va a la mesita para tomar el cenicero de* MARIO.*)*

VICENTE.—¿Más irritado?

LA MADRE.—*(Avergonzada.)* ¿Lo dices por lo de...la televisión?   20

VICENTE.—Olvida eso.

LA MADRE.—Él siempre ha sido irritable.... Ya lo era antes de enfermar.

VICENTE.—De eso hace ya mucho....[8]

LA MADRE.—Pero me acuerdo. *(Le pone el cenicero al* 25 *lado.)*

VICENTE.—Gracias.

4. **¡Mala suerte la mía!** What bad luck I have!
5. **¡No lo tomes...pecho!** Don't take it so much to heart!
6. **Es más burra.** She is so stupid.
7. **¡Que se espere!** Let her wait!
8. **De eso hace ya mucho.** That has been a long time now.

La madre.—Yo creo que tu padre y el señor Anselmo están ya arriba. Voy a ver. *(Va hacia el fondo.)*

Vicente.—Y del tren, ¿te acuerdas?

(La madre se vuelve despacio y lo mira. Comienza
5 *a sonar en el mismo instante el teléfono de la oficina. Encarna se sobresalta y lo mira, sin atreverse a descolgar.)*

La madre.—¿De qué tren?

Vicente.—*(Ríe, con esfuerzo.)* ¡Qué mala memoria!
10 *(El teléfono sigue sonando. Encarna se levanta, mirándolo fijamente y retorciéndose las manos.)* Sólo perdisteis uno, que yo sepa.... *(La madre se acerca y se sienta a su lado. Encarna va a tomar el teléfono, pero se arrepiente.)* ¿O lo has olvidado?

15 La madre.—Y tú, ¿por qué te acuerdas? ¿Porque tu padre ha dado en esa manía[9] de que el tragaluz es un tren? Pero no tiene ninguna relación....

(El teléfono deja de sonar. Encarna se sienta, agotada.)

20 Vicente.—Claro que no la tiene. Pero, ¿cómo iba yo a olvidar aquello?

La madre.—Fue una pena que no pudieses bajar. Culpa de aquellos brutos que te sujetaron....

Vicente.—Quizá no debí apresurarme a subir.

25 La madre.—¡Si te lo mandó tu padre! ¿No te acuerdas? Todos teníamos que intentarlo como pudiésemos. Tú eras muy ágil y pudiste escalar la ventanilla de aquel retrete, pero a nosotros no nos dejaron ni pisar el estribo....

9. **ha dado en esa manía** has gotten that silly idea in his head

(MARIO *entra por el primer término izquierdo, con
un libro bajo el brazo y jugando, ceñudo, con una
ficha de teléfono. La luz creció sobre el velador poco
antes.* MARIO *se sienta al velador.* ENCARNA *levanta los
ojos enrojecidos y mira al vacío: acaso imagina que
*MARIO *está donde efectivamente se encuentra. Du-
rante los momentos siguientes* MARIO *bate de vez en
cuando, caviloso, la ficha sobre el velador.*)

VICENTE.—*(Entretanto.)* La pobre nena....
LA MADRE.—Sí, hijo. Aquello fue fatal. *(Se queda pensativa.* ENCARNA *torna a levantarse, consulta su reloj
con atormentado gesto de duda y se queda apoyada
contra el mueble, luchando consigo misma.* LA MADRE
termina su triste recuerdo.) ¡Malditos sean los hombres que arman las guerras![10] *(Suena el timbre de la
casa.)* Puede que sea tu hermano. *(Va al fondo y
abre. Es su marido, que entra sin decir nada y llega
hasta el cuarto de estar. Entretanto* LA MADRE *sale al
zaguán e interpela a alguien invisible.)* ¡Gracias,
señor Anselmo! Dígale a la señora Gabriela que
ahora mismo subo. *(Cierra y vuelve.* EL PADRE *está
mirando a* VICENTE *desde el quicio del pasillo.)*
¡Mira! Ha venido Vicentito.
EL PADRE.—Claro. Yo soy Vicentito.
LA MADRE.—¡Tu hijo, bobo! *(Ríe.)*
EL PADRE.—Buenas tardes, señorito. A usted le tengo yo
por aquí... *(Va a la mesa y revuelve sus postales.)*
LA MADRE.—¿No te importa que te deje un rato con él?
Como he prometido subir...
EL PADRE.—Quizá en la sala de espera. *(Va a la cómoda
y abre el cajón, revolviendo muñecos de papel.)*
VICENTE.—Sube, madre. Yo cuidaré de él.

10. **¡Malditos...guerras!** I despise those men who start wars!

EL PADRE.—Pues aquí no lo encuentro....

LA MADRE.—De todos modos, si viene Mario y tienes que irte...

VICENTE.—Tranquila. Esperaré a que bajes.

5 LA MADRE.—*(Le sonríe.)* Hasta ahora, hijo. *(Sale corriendo por el fondo, mientras murmura.)* Maldita vieja de los diablos, que no hace más que dar la lata....[11] *(Abre y sale, cerrando.)*

*(*VICENTE *mira a su padre.* ENCARNA *y* MARIO *miran al*
10 *vacío.* ENCARNA *se humedece los labios, se apresta a una dura prueba. Con rapidez casi neurótica enfunda la máquina, recoge su bolso y, con la mano en el pestillo de la puerta, alienta, medrosa. Al fin abre y sale, cerrando. Desalentado por una espera*
15 *que juzga ya inútil,* MARIO *se levanta y cruza para salir por la derecha.)*

EL PADRE.—*(Cierra el cajón de la cómoda y se vuelve.)* Aquí tampoco está usted. *(Ríe.)* Usted no está en ninguna parte. *(Se sienta a la mesa y abre una revista.)*

20 VICENTE.—*(Saca una postal del bolsillo y la pone ante su padre.)* ¿Es aquí donde estoy, padre?

EL PADRE.—*(Examina detenidamente la postal y luego lo mira.)* Gracias, jovencito. Siempre necesito trenes. Van todos tan repletos.... *(Mira otra vez la tarjeta,*
25 *la aparta y vuelve a su revista.)*

VICENTE.—¿Es cierto que no me recuerda?

EL PADRE.—¿Me habla usted a mí?

VICENTE.—Padre, soy su hijo.

EL PADRE.—¡Je! De algún tiempo a esta parte[12] todos

---

11. **Maldita...lata.** The devil with the old lady who does nothing but bother people.

12. **De algún tiempo...parte** For some time now

quieren ser mis hijos. Con su permiso, recortaré a este señor. Creo que sé quién es.

V ICENTE.—¿Y Mario? ¿Sabe usted quién es?

E L PADRE.—Mi hijo. Hace años que no lo veo.

V ICENTE.—Vive aquí, con usted.   5

E L PADRE.—*(Ríe.)* Puede que esté en la sala de espera.

V ICENTE.—Y...¿sabe usted quién es Elvirita? *(E L PADRE deja de reír y lo mira. De pronto se levanta, va al tragaluz, lo abre y mira al exterior. Pasan sombras truncadas de viandantes.)* No. No subieron al 10 tren.

E L PADRE.—*(Se vuelve, irritado.)* Subieron todos. ¡Todos o ninguno!

V ICENTE.—*(Se levanta.)* ¡No podían subir todos! ¡No hay que guardarle rencor al que pudo subir![13]   15

(Pasan dos amigos hablando. Las sombras de sus piernas cruzan despacio. Apenas se distinguen sus palabras.)

E L PADRE.—¡Chist! ¿No los oye?

V ICENTE.—Gente que pasa. *(Cruzan otras sombras.)* ¿Lo 20 ve? Pobres diablos a quienes no conocemos. *(Enérgico.)* ¡Vuelva a sentarse, padre! *(Perplejo,* E L PADRE *vuelve despacio a su sitio.* V ICENTE *lo toma de un brazo y lo sienta suavemente.)* No pregunte tanto quiénes son los que pasan, o los que están en esas 25 postales.... Nada tienen que ver con usted[14] y muchos de ellos ya han muerto. En cambio, dos de sus hijos viven.... Tiene que aprender a reconocerlos. *(Cruzan sombras rápidas. Se oyen voces: «¡Corre,*

13. **¡No hay que...subir!** You don't have to hold it against the one who could get on!

14. **Nada tienen...usted** They have nothing to do with you

que no llegamos!» «¡Sí, hombre! ¡Sobra tiempo!»)
Ya los oye: personas corrientes, que van a sus cosas.[15]
EL PADRE.—No quieren perder el tren.
VICENTE.—(Se enardece.) ¡Eso es una calle, padre!
5   Corren para no perder el autobús, o porque se les
hace tarde para el cine.... (Cruzan, en dirección contraria a las anteriores, las sombras de las piernas de
dos muchachas. Se oyen sus voces: «Luisa no quería
pero Vicente se puso tan pesado, chica, que...» Se
10   pierde el murmullo. VICENTE mira al tragaluz, sorprendido. Comenta, inseguro.) Nada.... Charlas de
muchachas....
EL PADRE.—Han nombrado a Vicente.
VICENTE.—(Nervioso.) ¡A otro Vicente!
15 EL PADRE.—(Exaltado, intenta levantarse.) ¡Hablaban
de mi hijo!
VICENTE.—(Lo sujeta en la silla.) ¡Yo soy su hijo!
¿Tiene usted algo que decirle a su hijo? ¿Tiene algo
que reprocharle?
20 EL PADRE.—¿Dónde está?
VICENTE.—¡Ante usted!
EL PADRE.—(Después de mirarle fijamente vuelve a recortar su postal, mientras profiere, desdeñoso.)
Márchese.

25   (Cruzan sombras.)

VICENTE.—(Suspira y se acerca al tragaluz.) ¿Por qué
no dice «márchate» en lugar de «márchese»? Soy su
hijo.
EL PADRE.—(Mirándolo con ojos fríos.) Pues márchate.
30 VICENTE.—(Se vuelve en al acto.) ¡Ah! ¡Por fin me reco-

---

15. **que van a sus cosas** who are going about their own business

noce! *(Se acerca.)* Déjeme entonces decirle que me
juzga mal. Yo era casi un niño...

EL PADRE.—*(Pendiente del tragaluz.)* ¡Calle! Están hablando.

VICENTE.—¡No habla nadie!   5

*(Mientras lo dice, la sombra de unas piernas mas-
culinas ha cruzado, seguida por la más lenta de unas
piernas de mujer, que se detienen. Se oyen sus voces.)*

VOZ FEMENINA.—*(Inmediatamente después de hablar*
VICENTE.) ¿Los protegerías?   10

VICENTE.—*(Inmediatamente después de la voz.)* ¡No hay
nada ahí que nos importe! *(Aún no acabó de decirlo* [16] *cuando se vuelve, asustado, hacia el tragaluz.
La sombra masculina, que casi había desaparecido,
reaparece.)*   15

VOZ MASCULINA.—¡Vamos!

VOZ FEMENINA.—¡Contéstame antes!

VOZ MASCULINA.—No estoy para hablar de tonterías. [17]

*(Las sombras denotan que el hombre aferró a la
mujer y que ella se resiste a caminar.)*   20

VOZ FEMENINA.—Si tuviéramos hijos, ¿los protegerías?

VOZ MASCULINA.—¡Vamos, te he dicho! *(El hombre re-
molca a la mujer.)*

VOZ FEMENINA.—*(Angustiada.)* ¡Di! ¿Los protegerías?

(Las sombras desaparecen.)   25

---

16. **Aún no acabó de decirlo** He had hardly gotten the words out of
his mouth
17. **No estoy...tonterías.** I am not in a mood to talk nonsense.

V<small>ICENTE</small>.—*(Descompuesto.)*No puede ser.... Ha sido otra casualidad.... *(A su padre.)* ¿O no ha pasado nadie?

E<small>L PADRE</small>.—Dos novios.

V<small>ICENTE</small>.—¿Hablaban? ¿O no han dicho nada?

E<small>L PADRE</small>.—*(Después de un momento.)* No sé.   5

(V<small>ICENTE</small> lo mira, pálido, y luego mira al tragaluz. De pronto, lo cierra con brusquedad.)

V<small>ICENTE</small>.—*(Habla para sí, trémulo.)* No volveré aquí.... No debo volver.... No. (E<small>L PADRE</small> *empieza a reír, suave pero largamente, sin mirarlo.* V<small>ICENTE</small> *se vuelve y lo* 10 *mira, lívido.)* ¡No! *(Retrocede hacia la cómoda, denegando.)* No.

* * * * *

(Se oyó la llave en la puerta. Entra M<small>ARIO</small>, *cierra y llega hasta el cuarto de estar.)*

M<small>ARIO</small>.—*(Sorprendido.)* Hola.   15

V<small>ICENTE</small>.—Hola.

M<small>ARIO</small>.—¿Te sucede algo?

V<small>ICENTE</small>.—Nada.

M<small>ARIO</small>.—*(Mira a los dos.)* ¿Y madre?

V<small>ICENTE</small>.—Subió a casa de la señora Gabriela.   20

(M<small>ARIO</small> cruza para dejar sobre su mesita el libro que traía.)

E<small>L PADRE</small>.—*(Canturrea.)*

> La Rosenda está estupenda.
> La Vicenta está opulenta...   25

MARIO.—*(Se vuelve y mira a su hermano.)* Algo te pasa.

VICENTE.—Sal de esta casa, Mario.

MARIO.—*(Sonríe y pasea.)* ¿A jugar el juego?

EL PADRE.—Ven acá, señorito. ¿A que no sabes quién es
5   ésta?

MARIO.—¿Cuál?

EL PADRE.—Ésta. *(Le da la lupa.)* Mira bien.

*(ENCARNA entra por el primer término izquierdo y se
detiene, vacilante, junto al velador. Consulta su
10   reloj. No sabe si sentarse.)*

MARIO.—*(A su hermano.)* Es una calle muy concurrida
de Viena.

EL PADRE.—¿Quién es?

MARIO.—Apenas se la distingue.[18] Está parada junto a
15   la terraza de un café. ¿Quién pudo ser?

EL PADRE.—¡Eso!

MARIO.—¿Qué hizo?

EL PADRE.—¡Eso! ¿Qué hizo?

MARIO.—*(A su hermano.)* ¿Y qué le hicieron?
20 EL PADRE.—Yo sé lo que le hicieron. Trae, señorito. Ella
me dirá lo que falta. *(Le arrebata la postal y se
levanta.)* Pero no aquí. Ella no hablará ante extraños.
*(Se va por el pasillo, mirando la postal con la lupa,
y entra en su habitación, cerrando.)*
25 VICENTE.—Vente a la Editora, Mario. En la primera
etapa puedes dormir en mi casa. *(MARIO lo mira y se
sienta, despatarrado, en el sillón de su padre.)* Estás
en peligro: actúas como si fueses el profeta de un
dios ridículo.... De una religión que tiene ya sus
30   ritos: las postales, el tragaluz, los monigotes de
papel.... ¡Reacciona!

18. **Apenas se la distingue.** You can hardly make her out.

(ENCARNA *se decide y continúa su marcha, aunque*
lentamente, saliendo por el lateral derecho.)

MARIO.—Me doy plena cuenta de lo extraños que
somos. Pero yo elijo esa extrañeza.
VICENTE.—¿Eliges?   5
MARIO.—Mucha gente no puede elegir, o no se atreve.
(Se incorpora un poco; habla con gravedad.) Tú y
yo hemos podido elegir, afortunadamente. Yo elijo la
pobreza.
VICENTE.—*(Que paseaba, se le encara.)* Se pueden tener 10
ambiciones y ponerlas al servicio de una causa
noble.
MARIO.—*(Frío.)* Por favor, nada de tópicos. El que sirve
abnegadamente a una causa no piensa en prosperar
y, por lo tanto, no prospera. ¡Quia! A veces, incluso 15
pierde la vida.... Así que no me hables tú de causas,
ni siquiera literarias.
VICENTE.—No voy a discutir. Si es tu gusto, sigue
pensando así. Pero, ¿no puedes pensarlo...en la Edi-
tora?   20
MARIO.—¿En la Editora? *(Ríe.)* ¿A qué estáis jugando
allí? Porque yo ya no lo sé....
VICENTE.—Sabes que soy hombre de ideas avanzadas.
Y no sólo literariamente.
MARIO.—*(Se levanta y pasea.)* Y el grupo que os finan- 25
cia ahora, ¿también lo es?[19]
VICENTE.—¿Qué importa eso? Usamos de su dinero y
nada más.

---

*The following words, written originally for this section, were deleted
by the censors: **Se encuentra, de pronto, convertida en un asalariado,
en un cura, en una fregona, en un golfo, en una prostituta, en un
guardia....**
19. **¿también lo es?** is it like that too?

MARIO.—Y ellos, ¿no os usan a vosotros?

VICENTE.—¡No entiendes! Es un juego necesario....

MARIO.—¡Claro que entiendo el juego! Se es un poco
revolucionario, luego algo conservador....²⁰ No hay
5   inconveniente, pues para eso se siguen ostentando
ideas avanzadas.... El nuevo grupo nos utiliza.... Nos
dejamos utilizar, puesto que los utilizamos.... ¡Y a
medrar todos!²¹ Porque, ¿quién sabe ya hoy a lo que
está jugando cada cual? Sólo los pobres saben que
10   son pobres.

VICENTE.—Vuelves a acusarme y eso no me gusta.

MARIO.—A mí no me gusta tu Editora.

VICENTE.—*(Se acerca y le aferra por un hombro.)* ¡No
quiero medias palabras!²²

15 MARIO.—¡Te estoy hablando claro! ¿Qué especie de
repugnante maniobra estáis perpetrando contra Beltrán?

VICENTE.—*(Rojo.)* ¿De qué hablas?

MARIO.—¿Crees que no se nota? La novela que le ibais
20   a editar, de pronto, no se edita. En las pruebas del
nuevo número de la revista, tres alusiones contra
Beltrán; una de ellas, en tu columna. Y un artículo
contra él. ¿Por qué?

VICENTE.—*(Le da la espalda y pasea.)* Las colaboraciones
25   son libres.

MARIO.—También tú para encargar y rechazar colaboraciones. *(Irónico.)* ¿O no lo eres?

VICENTE.—¡Hay razones para todo eso!

MARIO.—Siempre hay razones para cometer una ca-
30   nallada.

---

20. **Se es...conservador.** First, one is a little revolutionary, then a
little conservative.

21. **¡Y a medrar todos!** And to hell with everybody!

22. **¡No quiero medias palabras!** I don't like insinuations!

Vicente.—Pero, ¿quién es Beltrán? ¿Crees tú que él
ha elegido la oscuridad y la pobreza?

Mario.—Casi. Por lo pronto, aún no tiene coche, y tú
ya lo tienes.

Vicente.—¡Puede comprárselo cuando quiera!   5

Mario.—Pero no quiere. *(Se acerca a su hermano.)*
Le interesan cosas muy distintas de las que te ob-
sesionan a ti. No es un pobre diablo más, corriendo
tras su televisión o su nevera; no es otro monicaco
detrás de un volante, orgulloso de obstruir un poco 10
más la circulación de esta ciudad insensata.... Él ha
elegido...la indiferencia.

Vicente.—¡Me estás insultando!

Mario.—¡Él es otra esperanza! Porque nos ha enseñado
que también así se puede triunfar...aunque sea en 15
precario.... *(Grave.)* Y contra ese hombre ejemplar os
estáis inventando razones importantes para anularlo.
Eso es tu Editora. *(Se están mirando intensamente.
Suena el timbre de la casa.)* Y no quiero herirte,
hermano. Soy yo quien está intentando salvarte a ti. 20
*(Sale al pasillo. Abre la puerta y se encuentra ante
él a* Encarna, *con los ojos bajos.)* ¿Tú? *(Se vuelve
instintivamente hacia el cuarto de estar y baja la
voz.)* Vete al café. Yo iré dentro de un rato.

Vicente.—*(Pero se ha asomado y reconoce a* Encarna.*)* 25
¡Al contrario, que entre! Sin duda no es su primera
visita. ¡Adelante, Encarna! *(*Encarna *titubea y se
adelanta.* Mario *cierra.)* Ya sabes que lo sospeché.
(Fuerte.) ¿Qué haces ahí parada? *(*Encarna *avanza
con los ojos bajos.* Mario *la sigue.)* No me habéis 30
engañado: sois los dos muy torpes. ¡Pero ya se acabaron todos los misterios! *(Ríe.)* ¡Incluidos los del
viejo y los del tragaluz! No hay misterios. No hay
más que seres humanos, cada cual con sus mezquin-
dades. Puede que todos seamos unos redomados 35

hipócritas, pero vosotros también lo sois. Conque ella era quien te informaba, ¿eh? Aunque no del todo, claro. También ella es hipócrita contigo. ¡Pura hipocresía, hermano! No hay otra cosa. Adobada, eso sí, con un poquito de romanticismo.... ¿Sois 5 novios? ¿Te dio ya el dulce «sí»? *(Se sienta, riendo.)* ¿A que no?

MARIO.—Aciertas. Ella no ha querido.

VICENTE.—*(Riendo.)* ¡Claro!

MARIO.—*(A* ENCARNA.*)* ¿Le hablaste de la carta? *(Ella* 10 *deniega.)*

VICENTE.—¡Siéntate, Encarna! ¡Como si estuvieras en tu casa! *(Ella se sienta.)* ¡Vamos a ver! ¿De qué carta me tenías que hablar?

(Un silencio.) 15

MARIO.—Sabes que estoy a tu lado y que te ayudaré.

(Un silencio.)

VICENTE.—¡Me intrigáis!

MARIO.—¡Ahora o nunca, Encarna!

ENCARNA.—*(Desolada.)* Yo...venía a decirte algo a ti. 20 Sólo a ti. Después, le habría hablado. Pero ya.... *(Se encoge de hombros, sin esperanza.)*

MARIO.—*(Le pone una mano en el hombro.)* Te juro que no hay nada perdido. *(Dulce.)* ¿Quieres que se lo diga yo? 25

(Ella desvía la vista.)

VICENTE.—¡Sí, hombre! ¡Habla tú! Veamos qué misteriosa carta es ésa.

Mario.—*(Después de mirar a* Encarna, *que rehuye la mirada.)* De una Editora de París, pidiéndoos los derechos de una obra de Beltrán.

Vicente.—*(Lo piensa. Se levanta.)* Sí.... Llegó una carta
5 y se ha traspapelado. *(Con tono de incredulidad.)* ¿La tenéis vosotros?

Mario.—*(Va hacia él.)* Ha sido encontrada, hecha añicos, en tu cesto.

Vicente.—*(Frío.)* ¿Te dedicas a mirar en los cestos,
10 Encarna?

Mario.—¡Fue casual! Al tirar un papel vio el membrete y le llamó la atención.

Vicente.—¿Por qué no me lo dijiste? Le habríamos pasado en seguida una copia al interesado. No
15 olvides llevarla mañana. *(*Encarna *lo mira, perpleja.)* Quizá la rasgué sin darme cuenta al romper otros papeles....

Mario.—*(Tranquilo.)* Embustero.

Vicente.—¡No te tolero insultos!
20 Mario.—Y toda esa campaña de la revista contra Beltrán, ¿también es involuntaria? ¡Está mintiendo, Encarna! ¡No se lo consientas!²³ ¡Tú puedes hablarle de muchas otras cosas!

Vicente.—¡Ella no hablará de nada! ¿Verdad, Encarna?
25 Porque tú no tienes nada que reprocharme.... Eso se queda para los ilusos que miran por los tragaluces y ven gigantes donde deberían ver molinos. *(Sonríe.)* No, hermano. Ella no dice nada.... *(Mira a* Encarna, *que lo mira.)* Ni yo tampoco. *(Ella baja la cabeza.)*
30 Y ahora, Encarna, escucha bien: ¿quieres seguir a mi lado?

(Un silencio. Encarna *se levanta y se aparta, turbada.)*

23. ¡**No se lo consientas**! Don't let him get away with it!

MARIO.—¡Contesta!

ENCARNA.—*(Musita, con enorme cansancio.)* Sí.

MARIO.—No.

(Ella lo mira.)

VICENTE.—¿Cómo? 5

MARIO.—Encarna, mañana dejas la Editora.

VICENTE.—*(Riendo.)* ¡Si no puede! Eso sí lo diré. ¿Tan
loco te ha vuelto el tragaluz que ni siquiera te das
cuenta de cómo es la chica con quien sales? ¿No la
escuchabas, no le mirabas a la cara? ¿Le mirabas 10
sólo a las piernas, como a los que pasan por ahí
arriba? ¿No sabes que escribe «espontáneo» con «x»?
¿Que confunde Belgrado con Bruselas? Y como no
aprendió a guisar, ni a coser, no tiene otra perspectiva que la miseria...salvo a mi lado. Y a mi lado 15
seguirá, si quiere, porque...a pesar de todo, la
aprecio. Ella lo sabe.... Y me gusta ayudar a la
gente, si puedo hacerlo. Eso también lo sabes tú.

MARIO.—Has querido ofender con palabras suaves....
¡Qué torpeza! Me has descubierto el terror que le 20
causas.

VICENTE.—¿Terror?

MARIO.—¡Ah, pequeño dictadorzuelo, con tu pequeño
imperio de empleados a quienes exiges que te pon-
gan buena cara[24] mientras tú ahorras de sus pobres 25
sueldos para tu hucha! ¡Ridículo aprendiz de tirano,
con las palabras altruistas de todos los tiranos en la
boca!

VICENTE.—¡Te voy a cerrar la tuya!

---

24. **a quienes exiges...cara** whom you make smile at you

MARIO.—¡Que se avergüence él de tu miedo,[25] Encarna, no tú! Te pido perdón por no haberlo comprendido. Ya nunca más tendrás miedo.[26] Porque tú sabes que aquí, desde mañana mismo, tienes tu amparo.

5 VICENTE.—¿Le estás haciendo una proposición de matrimonio?

MARIO.—Se la estoy repitiendo.

VICENTE.—Pero todavía no ha accedido. *(Lento.)* Y no creo que acceda. *(Un silencio.)* ¿Lo ves? No dice 10 nada.

MARIO.—¿Quieres ser mi mujer, Encarna?

ENCARNA.—*(Con mucha dificultad, después de un momento.)* No.

*(*VICENTE *resuella y sonríe, satisfecho.* MARIO *mira a* 15 ENCARNA, *estupefacto, y va a sentarse lentamente al sillón de su padre.)*

VICENTE.—¡Ea! Pues aquí no ha pasado nada. Un desengaño sentimental sin importancia. Encarna permanece fiel a la Editora y me atrevo a asegurar 20 que más fiel que nunca. No te molestes en ir por las pruebas; te las iré enviando para ahorrarte visitas que, sin duda, no te son gratas. Yo también te libraré de las mías; tardaré en volver por aquí.[27] Vámonos, Encarna. *(Se encamina al pasillo y se* 25 *vuelve.)*

* * * * *

25. **Que se avergüence...miedo** Let him feel ashamed of your fear
26. **Ya nunca más tendrás miedo.** You will never be afraid anymore.
27. **tardaré en volver por aquí** I won't be back here for quite a while

(Atrozmente nerviosa, ENCARNA *mira a los dos.* MARIO *juguetea, sombrío, con las postales.)*

ENCARNA.—Pero no así....

VICENTE.—*(Seco.)* No te entiendo.

ENCARNA.—Así no, Vicente.... *(*MARIO *la mira.)* ¡Así no!   5

VICENTE.—*(Avanza un paso.)* ¡Vámonos!

ENCARNA.—¡No! ¡No!

VICENTE.—¿Prefieres quedarte?

ENCARNA.—*(Con un grito que es una súplica.)* ¡Mario!

VICENTE.—¡Cállate y vámonos!   10

ENCARNA.—¡Mario, yo venía a decírtelo todo! Te lo
    juro. Y voy a decirte lo único que aún queda por
    decir....

VICENTE.—¿Estás loca?

ENCARNA.—Yo he sido la amante de tu hermano.   15

*(*MARIO *se levanta de golpe, descompuesto. Corta pausa.)*

VICENTE.—*(Avanza un paso, con fría cólera.)* Sólo un
    pequeño error: no ha sido mi amante. Es mi amante.
    Hasta ayer, por lo menos.   20

MARIO.—¡Canalla!

VICENTE.—*(Eleva la voz.)* Porque ahora, claro, sí ha
    dejado de serlo. Y también mi empleada....

MARIO.—*(Aferra a su hermano y lo zarandea.)* ¡Bribón!

ENCARNA.—*(Grita y procura separarlos.)* ¡No!   25

MARIO.—¡Gusano! *(Lo golpea.)*

ENCARNA.—¡No, por piedad!

VICENTE.—¡Quieto! ¡Quieto, imbécil! *(Logra repelerlo.
    Quedan los dos frente a frente, jadeantes. Entre los
    dos, ella los mira con angustia.)* ¡Ella es libre!   30

MARIO.—¡Ella no tenía otra salida!

VICENTE.—¡No vuelvas a inventar para consolarte! Ella
me ha querido...un poco. *(*ENCARNA *retrocede hasta la*
cómoda, turbada.) Y no es mala chica, Mario.
Cásate con ella, si quieres. A mí ya no me interesa.
5 Porque no es mala, pero es embustera, como todas.
Además que, si no la amparas, se queda en la calle...
con un mes de sueldo. Tienes un mes para pensarlo.
¡Vamos, caballero andante! ¡Concédele tu mano! ¿O
no te atreves? No me vas a decir que tienes pre-
10 juicios: eso ya no se estila.[28]
MARIO.—¡Su pasado no me importa!
VICENTE.—*(Con una leve risa contenida.)* Si te entiendo....
De pronto, en el presente, ha dejado de interesarte.
Como a mí. Pásate mañana por la Caja, muchacha.
15 Tendrás tu sobre. Adiós. *(Va a irse. Las palabras de*
MARIO *le detienen.)*
MARIO.—El sobre, naturalmente. Das uno, y a olvidar...[29]
¡Pero tú no puedes olvidar, aunque no vuelvas!
Cuando cometas tu próxima trapacería recuerda que
20 yo, desde aquí, te estaré juzgando. *(Lo mira muy*
fijo y dice con extraño acento.) Porque yo sé.
VICENTE.—*(Después de un momento.)* ¿De qué hablas?
MARIO.—*(Le vuelve la espalda.)* Vete.
VICENTE.—*(Se acerca.)* ¡Estoy harto de tus insidias! ¿A
25 qué te refieres?
MARIO.—Antes de Encarna ya has destrozado a otros....
Seguro que lo has pensado.
VICENTE.—¿El qué?
MARIO.—Que nuestro padre puede estar loco por tu
30 culpa.
VICENTE.—¿Porque me fui de casa? ¡No me hagas reír!

---

28. **eso ya no se estila** that is not in style anymore
29. **Das uno, y a olvidar.** You pay, and then you forget.

Mario.—¡Si no te ríes! *(Va a la mesa y recoge una postal.)* Toma. Ya es tarde para traerla. *(*Vicente *se inmuta.* Encarna *intenta atisbar la postal.)* Sí, Encarna: la misma que no quiso traer hace días, él sabrá por qué.   5

Vicente.—*(Le arrebata la postal.)* ¡No tienes derecho a pensar lo que piensas!

Mario.—¡Vete! ¡Y no mandes más sobres!

Vicente.—*(Estalla.)* ¡Esto no puede quedar así!

Mario.—*(Con una risa violenta.)* ¡Eso tú sabrás!   10

Vicente.—*(Manosea, nervioso, la postal.)* ¡Esto no va a quedar así! *(Se vuelve, ceñudo, traspone el pasillo y sale de la casa dando un tremendo portazo.)* [30]

*(*Mario *dedica una larga, tristísima mirada a* Encarna, *que se la devuelve con ansiedad inmensa. Luego se* 15 *acerca al tragaluz y mira, absorto, la claridad exterior.)*

Encarna.—Mario.... *(Él no responde. Ella se acerca unos pasos.)* Él quería que me callara y yo lo he dicho.... *(Un silencio.)* Al principio creí que le 20 quería.... Y, sobre todo, tenía miedo.... Tenía miedo, Mario. *(Baja la voz.)* También ahora lo tengo. *(Largo silencio.)* Ten piedad de mi miedo, Mario.

Mario.—*(Con la voz húmeda.)* [31] ¡Pero tú ya no eres Encarna!   25

(Ella parpadea, trémula. Al fin, comprende el sentido de esas palabras. Él las susurra para sí de nuevo, mientras deniega. Ella inclina la cabeza y se encamina al pasillo, desde donde se vuelve a mirarlo

---

30. **dando un tremendo portazo** slamming the door hard
31. **Con la voz húmeda.** With a catch in his voice.

con los ojos arrasados. Después franquea el pasillo
rápidamente y sale de la casa. La luz decrece. ELLA
y ÉL *reaparecen por los laterales. Dos focos los ilumi-*
nan. ÉL *señala a* MARIO, *que se ha quedado inmóvil.)*

5 ÉL.—Tal vez Mario pensó en aquel momento que es
preferible no preguntar por nada ni por nadie.

ELLA.—Que es mejor no saber.

ÉL.—Sin embargo, siempre es mejor saber, aunque sea
doloroso.

10 ELLA.—Y aunque el saber nos lleve a nuevas ignoran-
cias.

ÉL.—Pues en efecto; ¿quién es ése? Es la pregunta que
seguimos haciéndonos.

ELLA.—La pregunta invadió al fin el planeta en el siglo
15 veintidós.

ÉL.—Hemos aprendido de niños la causa: las mentiras
y catástrofes de los siglos precedentes la impusieron
como una pregunta ineludible.

ELLA.—Quizá fueron numerosas, sin embargo, las per-
20 sonas que, en aquellos siglos atroces, guardaban ya
en su corazón.... ¿Se decía así?

ÉL.—Igual que decimos ahora: en su corazón.

ELLA.—Las personas que guardaban ya en su corazón
la gran pregunta. Pero debieron de ser hombres
25 oscuros, habitantes más o menos alucinados de semi-
sótanos o de otros lugares parecidos.

(La luz se extingue sobre MARIO, *cuyo espectro se*
aleja lentamente.)

ÉL.—Queremos recuperar la historia de esas catacum-
30 bas; preguntarnos también quiénes fueron ellos.

ELLA.—Nos sabemos ya solidarios, no sólo de quienes
viven, sino del pasado entero.³² Inocentes con quienes lo fueron; culpables con quienes lo fueron.

ÉL.—Durante siglos tuvimos que olvidar, para que el
pasado no nos paralizase; ahora debemos recordar 5
incesantemente, para que el pasado no nos envenene.

ELLA.—Reasumir el pasado vuelve más lento nuestro
avance, pero también más firme.

ÉL.—Compadecer, uno por uno, a cuantos vivieron,
es una tarea imposible, loca. Pero esa locura es 10
nuestro orgullo.

ELLA.—Condenados a elegir, nunca recuperaremos la
totalidad de los tiempos y las vidas. Pero en esa
tarea se esconde la respuesta a la gran pregunta, si
es que la tiene.   15

ÉL.—Quizá cada época tiene una, y quizá no hay
ninguna. En el siglo diecinueve, un filósofo aventuró
cierta respuesta. Para la tosca lógica del siglo siguiente resultó absurda. Hoy volvemos a hacerla
nuestra, pero ignoramos si es verdadera.... ¿Quién es 20
ése?

ELLA.—Ése eres tú, y tú y tú. Yo soy tú, y tú eres yo.
Todos hemos vivido, y viviremos, todas las vidas.

ÉL.—Si todos hubiesen pensado al herir, al atropellar,
al torturar, que eran ellos mismos quienes lo pa- 25
decían,³³ no lo habrían hecho.... Pensémoslo así,
mientras la verdadera respuesta llega.

---

32. **Nos sabemos...entero.** We know now that we are solidly linked
not only to those now living, but to the whole past.
33. **que eran...padecían** that it was they themselves who were
suffering

ELLA.—Pensémoslo, por si no llega....[34]

(Un silencio.)

* * * * *

ÉL.—Veintiséis horas después de la escena que habéis presenciado, esta oscura historia se desenlaza en el
5   aposento del tragaluz.

(Señala al fondo, donde comienzan las vibraciones luminosas. Desaparecen los dos por los laterales. La luz se normaliza en el cuarto de estar. MARIO *y* EL PADRE *vienen por el pasillo.* EL PADRE *se detiene y*
10   *escucha;* MARIO *llega hasta su mesita y se sienta para hojear, abstraído, un libro.)*

EL PADRE.—¿Quién habla por ahí fuera?
MARIO.—Serán vecinos.
EL PADRE.—Llevo días oyendo muchas voces. Llantos,
15   risas.... Ahora lloran. *(Se acerca al tragaluz.)* Aquí tampoco es.[35] *(Se acerca al pasillo.)*
MARIO.—Nadie llora.
EL PADRE.—Es ahí fuera. ¿No oyes? Una niña y una mujer mayor.
20 MARIO.—*(Seguro de lo que dice.)* La voz de la mujer mayor es la de madre.
EL PADRE.—¡Ji, ji! ¿Hablas de esa señora que vive aquí?
MARIO.—Sí.
EL PADRE.—No sé quién es. La niña sí sé quién es. *(Irri-*
25   *tado.)* ¡Y no quiero que llore!
MARIO.—¡No llora, padre!
EL PADRE.—*(Escucha.)* No. Ahora no. *(Se irrita de nuevo.)* ¿Y quién era la que llamó antes? Era la misma voz. Y tú hablaste con ella en la puerta.

34. **Pensémoslo, por si no llega.** Let us think about it, in case it does not come.
35. **Aquí tampoco es.** It is not here either.

Mario.—Fue una confusión. No venía aquí.

El padre.—Está ahí fuera. La oigo.

Mario.—¡Se equivoca!

El padre.—*(Lento.)* Tiene que entrar.

(Se miran. El padre *va a sentarse y se absorbe en una* 5
revista. Una pausa. Se oye el ruido de la llave.
La madre *entra y cierra. Llega al cuarto de estar.)*

La madre.—*(Mira a hurtadillas a su hijo.)* Sal un rato si
quieres, hijo.

Mario.—No tengo ganas. 10

La madre.—*(Con ansiedad.)* No has salido en todo el
día....

Mario.—No quiero salir.

La madre.—*(Titubea. Se acerca y baja la voz.)* Hay
alguien esperándote en la escalera. 15

Mario.—Ya lo sé.

La madre.—Se ha sentado en los peldaños....

Mario.—Ya le he dicho que se vaya.

La madre.—¡Déjala entrar!

Mario.—No. 20

La madre.—¡Y os explicabais![36]

Mario.—*(Se levanta y pasea.)* ¡Por favor, madre! Esto
no es una riña de novios. Tú no puedes comprender.

(Un silencio.)

La madre.—Hace una hora me encontré a esa chica en 25
la escalera y me la llevé a dar una vuelta. Me lo ha
contado todo. *(Un silencio.)* ¡Es una vergüenza,
Mario! Los vecinos murmurarán.... No la escuches,
si no quieres, pero déjala pasar. *(*Mario *la mira,*
colérico, y va rápido a su cuarto para encerrarse. La 30
voz de La madre *lo detiene.)* No quieres porque crees

36. ¡**Y os explicabais**! And then you can get things straightened out!

que no me lo ha contado todo. También me ha confesado que ha tenido que ver con tu hermano. [37]

MARIO.—*(Estupefacto, cierra con un seco golpe la puerta que abrió. Se acerca a su madre.)* Y después de saber eso, ¿qué pretendes? ¿Que me case con ella?

LA MADRE.—*(Débil.)* Es una buena chica.

MARIO.—¿No es a mi hermano a quien se lo tendrías que proponer?

LA MADRE.—Él...ya sabes cómo es....

MARIO.—¡Yo sí lo sé! ¿Y tú, madre? ¿Sabes cómo es tu favorito?

LA MADRE.—¡No es mi favorito!

MARIO.—También le disculparás lo de Encarna, claro. Al fin y al cabo, una ligereza de hombre, ¿no? ¡Vamos a olvidarlo, como otras cosas! ¡Es tan bueno! ¡Nos va a comprar una nevera! ¡Y, en el fondo, no es más que un niño! ¡Todavía se relame con las ensaimadas!

LA MADRE.—No hables así.

MARIO.—¡No es mala chica Encarna, no! ¡Y además, se comprende su flaqueza! ¡El demonio de Vicente es tan simpático! Pero no es mujer para él; él merece otra cosa. ¡Mario, sí! ¡Mario puede cargar con ella!

LA MADRE.—Yo sólo quiero que cada uno de vosotros viva lo más feliz que pueda....

MARIO.—¿Y me propones a Encarna para eso?

LA MADRE.—¡Te propongo lo mejor!

MARIO.—¿Porque él no la quiere?

LA MADRE.—*(Enérgica.)* ¡Porque ella te quiere! *(Se acerca.)* Es tu hermano el que pierde, no tú. Allá él.... No quiero juzgarlo.... Tiene otras cualidades.... Es mi hijo. *(Le toma de un brazo.)* Esa chica es de oro puro, te lo digo yo. Por eso te confesó ayer sus relaciones con Vicente.

---

37. **que ha tenido...hermano** that she has been involved with your brother

MARIO.—¡No hay tal oro, madre! Le fallaron los nervios, simplemente. [38] ¡Y no quiero hablar más de esto! *(Se desprende. Suena el timbre de la puerta. Se miran.* LA MADRE *va a abrir.)* ¡Te prohibo que la dejes entrar! 5

LA MADRE.—Si tú no quieres, no entrará.

MARIO.—¡Entonces, no abras!

LA MADRE.—Puede ser el señor Anselmo, o su mujer....

EL PADRE.—*(Se ha levantado y se inclina.)* La saludo respetuosamente, señora. 10

LA MADRE.—*(Se inclina, suspirando.)* Buenas tardes, señor.

EL PADRE.—Por favor, haga entrar a la niña.

*(*LA MADRE *y el hijo se miran. Nuevo timbrazo.* LA MADRE *va a la puerta.* EL PADRE *mira hacia el pasillo.)* 15

MARIO.—¿A qué niña, padre?

EL PADRE.—*(Su identidad le parece evidente.)* A la niña.

*(*LA MADRE *abre. Entra* VICENTE.*)*

VICENTE.—Hola, madre. *(La besa.)* Pregúntale a Mario si puede entrar Encarna. 20

MARIO.—*(Se ha asomado al oír a su hermano.)* ¿A qué vienes?

VICENTE.—Ocupémonos antes de esa chica. [39]

MARIO.—¿También tú temes que murmuren?

VICENTE.—*(Con calma.)* Déjala pasar. 25

MARIO.—¡Cierra la puerta, madre!

*(*LA MADRE *vacila y al fin cierra.* VICENTE *avanza, seguido de su madre.)*

38. **No hay tal oro...simplemente.** There is no gold there, Mother. She just lost her nerve.
39. **Ocupémonos antes...chica.** Let's take care of that girl first.

EL PADRE.—*(Se sienta y vuelve a su revista.)* No es la niña.

VICENTE.—*(Sonriente y tranquilo.)* Allá tú. De todos modos voy a decirte algo. Admito que no me he
5 portado bien con esa muchacha.... *(A su madre.)* Tú no sabes de qué hablamos, madre. Ya te lo explicaré.

MARIO.—Lo sabe.

VICENTE.—¿Se lo has dicho? Mejor. Sí, madre: una ligereza que procuraré remediar. quería decirte,
10 Mario, que hice mal despidiéndola y que la he readmitido.

MARIO.—¿Qué?

VICENTE.—*(Risueño, va a sentarse al sofá.)* Se lo dije esta mañana, cuando fue a recoger su sobre.

15 MARIO.—¿Y...se quedó?

VICENTE.—Había que escribir la carta a Beltrán y me importaba que ella misma la llevase al correo.[40] Y así lo hicimos. *(MARIO lo mira con ojos duros y va bruscamente a su mesita para tomar un pitillo.)* Te
20 seré sincero; no es seguro que vuelva mañana. Dijo que...lo pensaría. ¿Por qué no la convences tú? No hay que hacer un drama de pequeñeces como éstas....[41]

LA MADRE.—Claro, hijos....

VICENTE.—*(Ríe y se levanta.)* ¡Se me olvidaba![42] *(Saca*
25 *de su bolsillo algunas postales.)* Más postales para usted, padre. Mire qué bonitas.

EL PADRE.—*(Las toma.)* ¡Ah! Muy bien.... Muy bien.

MARIO.—¡Muy bien! Vicente remedia lo que puede, adora a su familia, mamá le sonríe, papá le da las

---

40. **me importaba...al correo** I thought it was important that she take it to the post office herself
41. **No hay que...éstas.** There is no reason to make a big production out of little things like these.
42. **¡Se me olvidaba!** I almost forgot!

gracias y, si hay suerte, Encarna volverá a ser complaciente.... La vida es bella.

VICENTE.—*(Suave.)* Por favor....

MARIO.—*(Frío.)* ¿A qué has venido?

VICENTE.—*(Serio.)* A aclarar las cosas.   5

MARIO.—¿Qué cosas?

VICENTE.—Ayer dijiste algo que no puedo admitir. Y no quiero que vuelvas a decirlo.

MARIO.—No voy a decirlo. *(Enciende con calma su cigarrillo.)*   10

VICENTE.—¡Pero lo piensas! Y te voy a convencer de que te equivocas.

(Inquieta y sin dejar de observarlos, LA MADRE se sienta en un rincón.)

MARIO.—Bajar aquí es peligroso para ti.... ¿O no lo 15 sabes?

VICENTE.—No temo nada. Tenemos que hablar y lo vamos a hacer.

LA MADRE.—Hoy no, hijos.... Otro día, más tranquilos....

VICENTE.—¿Es que no sabes lo que dice?   20

LA MADRE.—Otro día....

VICENTE.—Se ha atrevido a afirmar que cierta persona... aquí presente...ha enloquecido por mi culpa. *(Pasea.)*

LA MADRE.—Son cosas de la vejez, Mario....[43]

VICENTE.—¡Quia, madre! Eso es lo que piensas tú, o 25 cualquiera con la cabeza en su sitio. Él piensa otra cosa.

MARIO.—¿Y has venido a prohibírmelo?

VICENTE.—¡A que hablemos![44]

LA MADRE.—Pero no hoy.... Ahora estáis disgustados.... 30

43. **Son cosas...Mario.** It's just old age, Mario.
44. **¡A que hablemos!** I've come for us to talk!

Vicente.—Hoy, madre.

Mario.—Ya lo oyes, madre. Déjanos solos, por favor.

Vicente.—¡De ninguna manera! Su palabra vale tanto
como la tuya. ¡Quieres que se vaya para que no te
5   desmienta!

Mario.—Tú quieres que se quede para que te apoye.

Vicente.—Y para que no se le quede dentro ese infundio que te has inventado.[45]

Mario.—¿Infundio? *(Se acerca a su padre.)* ¿Qué diría
10   usted, padre?

*(El padre lo mira, inexpresivamente. Luego empieza a
recortar un muñeco.)*

Vicente.—¡Él no puede decir nada! ¡Habla tú! ¡Explí-
canos ya, si puedes, toda esa locura tuya!

15 Mario.—*(Se vuelve y lo mira gravemente.)* Madre, si
esa muchacha está todavía ahí fuera, dile que entre.

La madre.—*(Se levanta, sorprendida.)* ¿Ahora?

Mario.—Ahora, sí.

La madre.—¡Tu hermano va a tener razón! ¿Estás loco?

20 Vicente.—No importa, madre. Que entre.

La madre.—¡No!

Mario.—¡Hazla entrar! Es otro testigo.

La madre.—¿De qué?

* * * * *

*(Bruscamente, Vicente sale al pasillo y abre la puerta.
25   La madre se oprime las manos, angustiada.)*

Vicente.—Entra, Encarna. Mario te llama. *(Se aparta
y cierra la puerta tras Encarna, que entra. Llegan*

45. **Y para que...inventado.** And so she is not left with that crazy
story you have made up.

los dos al cuarto de estar. EL PADRE *mira a* ENCARNA
con tenaz interés.)

ENCARNA.—*(Con los ojos bajos.)* Gracias, Mario.

MARIO.—No has entrado para hablar conmigo, sino
para escuchar. Siéntate y escucha.   5

(Turbada por la dureza de su tono, ENCARNA *va a
sentarse en un rincón, pero la detiene la voz del*
PADRE.)

EL PADRE.—Aquí, a mi lado.... Te estoy recortando una
muñeca....   10

LA MADRE.—*(Solloza.)* ¡Dios mío!

*(*ENCARNA *titubea.)*

MARIO.—Ya que no quieres irte, siéntate, madre. *(La
conduce a una silla.)*

LA MADRE.—¿Por qué esto, hijo?   15

MARIO.—*(Por su hermano.)* Él lo quiere.

EL PADRE.—*(A* ENCARNA.*)* Mira qué bonita....

*(*ENCARNA *se sienta junto al* PADRE, *que sigue recortando.* VICENTE *se sienta en la silla de la mesita.)*

LA MADRE.—*(Inquieta.)* ¿No deberíamos llevar a tu   20
padre a su cuarto?

MARIO.—¿Quiere usted ir a su cuarto, padre? ¿Le llevo
sus revistas, sus muñecos?

EL PADRE.—No puedo.

MARIO.—Estaría usted más tranquilo allí....   25

EL PADRE.—*(Enfadado.)* ¡Estoy trabajando! *(Sonríe a*
ENCARNA *y le da palmaditas en una mano.)* Ya verás.

VICENTE.—*(Sarcástico.)* ¡Cuánta solemnidad!

Mario.—*(Lo mira y acaricia la cabeza de su madre.)* Madre, perdónanos el dolor que vamos a causarte.

La madre.—*(Baja la cabeza.)* Pareces un juez.

Mario.—Soy un juez. Porque el verdadero juez no
5 puede juzgar. Aunque, ¿quién sabe? ¿Puede usted juzgar, padre?

(El padre le envía una extraña mirada. Luego vuelve a su recorte.)

Vicente.—Madre lo hará por él, y por ti. Tú no eras
10 más que un niño.

Mario.—Ya hablaremos de aquello. Mira antes a tus víctimas más recientes. Todas están aquí.

Vicente.—¡Qué lenguaje! No me hagas reír.

Mario.—*(Imperturbable.)* Puedes mirar también a tus
15 espaldas. Una de ellas sólo está en efigie. Pero lo han retratado escribiendo y parece por eso que también él te mira ahora. *(Vicente vuelve la cabeza para mirar los recortes y fotos clavados en la pared.)* Sí; es Eugenio Beltrán.

20 Vicente.—¡No he venido a hablar de él!

El padre.—*(Entrega a Encarna el muñeco recortado.)* Toma. ¿Verdad que es bonito?

Encarna.—Gracias. *(Lo toma y empieza a arrugarlo, nerviosa.)*

25   *(El padre busca otra lámina en la revista.)*

Vicente.—¡Sabes de sobra lo que he venido a discutir!

El padre.—*(A Encarna, que, cada vez más nerviosa, manosea y arruga el muñeco de papel.)* ¡Ten cuidado, puedes romperlo! *(Efectivamente, las manos de*
30 *Encarna rasgan, convulsas, el papel.)* ¿Lo ves?

ENCARNA.—*(Con dificultad.)* Me parece inútil seguir callando.... No quiero ocultarlo más.... Voy a tener un hijo.

*(L*A MADRE *gime y oculta la cabeza entre las manos. V*ICENTE *se levanta lentamente.)*   5

EL PADRE.—¿He oído bien? ¿Vas a ser madre? ¡Claro, has crecido tanto! *(E*NCARNA *rompe a llorar.)* ¡No llores, nena! ¡Tener un hijo es lo más bonito del mundo! *(Busca, febril, en la revista.)* Será como un niño muy lindo que hay aquí. Verás. *(Pasa hojas.)* 10
MARIO.—*(Suave, a su hermano.)* ¿No tienes nada que decir?

*(Desconcertado, V*ICENTE *se pasa la mano por la cara.)*

EL PADRE.—*(Encontró la lámina.)* ¡Mira qué hermoso! ¿Te gusta?   15
ENCARNA.—*(Llorando.)* Sí.
EL PADRE.—*(Empuña las tijeras.)* Ten cuidado con éste, ¿eh? Éste no lo rompas. *(Comienza a recortar.)*
ENCARNA.—*(Llorando.)* ¡No!
VICENTE.—Estudiaremos la mejor solución, Encarna. Lo 20 reconoceré.... Te ayudaré.
MARIO.—*(Suave.)* ¿Con un sobre?
VICENTE.—*(Grita.)* ¡No es asunto tuyo!
LA MADRE.—¡Tienes que casarte con ella, Vicente!
ENCARNA.—No quiero casarme con él.   25
LA MADRE.—¡Debéis hacerlo!
ENCARNA.—¡No! No quiero. Nunca lo haré.
MARIO.—*(A V*ICENTE.*)* Por consiguiente, no hay que pensar en esa solución. Pero no te preocupes. Puede que ella enloquezca y viva feliz...como la persona 30 que tiene al lado.

VICENTE.—¡Yo estudiaré con ella lo que convenga hacer! Pero no ahora. Es precisamente de nuestro padre de quien he venido a hablar.

(EL PADRE *se ha detenido y lo mira.*)

5 MARIO.—Repara.... Él también te mira.

VICENTE.—¡Esa mirada está vacía! ¿Por qué no te has dedicado a mirar más a nuestra madre, en vez de observarle a él? ¡Mírala! Siempre ha sido una mujer expansiva, animosa. No tiene nieblas en la cabeza,
10 como tú. [46]

MARIO.—¡Pobre madre! ¿Cómo hubiera podido resistir sin inventarse esa alegría?

VICENTE.—*(Ríe.)* ¿Lo oyes, madre? Te acusa de fingir.

MARIO.—No finge. Se engaña de buena fe.

15 VICENTE.—¡Y a ti te engaña la mala fe! Nuestro padre está como está porque es un anciano, y nada más. *(Se sienta y enciende un cigarrillo.)*

MARIO.—El médico ha dicho otra cosa.

VICENTE.—¡Ya! ¡El famoso trastorno moral!

20 MARIO.—Madre también lo oyó.

VICENTE.—Y supongo que también oyó tu explicación. El viejo levantándose una noche, hace muchos años, y profiriendo disparates por el pasillo...casualmente poco después de haberme ido yo de casa.

25 MARIO.—Buena memoria.

VICENTE.—Pero no lo oyó nadie, sólo tú....

MARIO.—¿Me acusas de haberlo inventado?

VICENTE.—O soñado. Una cabeza como la tuya no es de fiar. Pero aunque fuera cierto, no demostraría
30 nada. ¡Nadie se vuelve loco porque un hijo se va de casa, a no ser que haya una predisposición a tras-

---

46. **No tiene nieblas...tú.** She is not always in a fog like you.

tornarse por cualquier minucia![47] Y eso me exime de toda culpa.

MARIO.—Salvo que seas tú mismo quien, con anterioridad, creases esa predisposición.

EL PADRE.—*(Entrega el recorte a* ENCARNA.*)* Toma. Éste es su retrato.

ENCARNA.—*(Lo toma.)* Gracias.

VICENTE.—*(Con premeditada lentitud.)* ¿Te estás refiriendo al tren?

*(*LA MADRE *se sobresalta.)*

MARIO.—*(Pendiente de su padre.)* Calla.

EL PADRE.—¿Te gusta?

ENCARNA.—Sí, señor.

EL PADRE.—¿Señor? Aquí todos me llaman padre.... *(Le oprime con afecto una mano.)* Cuídalo mucho y vivirá. *(Toma otra revista y se absorbe en su contemplación.)*

VICENTE.—*(A media voz.)* Te has referido al tren. Y a hablar de él he venido.

*(*EL PADRE *lo mira un momento y vuelve a mirar su revista.)*

LA MADRE.—¡No, hijos!

VICENTE.—¿Por qué no?

LA MADRE.—Hay que olvidar aquello.

VICENTE.—Comprendo que es un recuerdo doloroso para ti...por la pobre nena. ¡Pero yo también soy tu hijo y estoy en entredicho![48] ¡Dile tú lo que pasó,

---

47. **a no ser...minucia** unless he has a tendency to break down over the slightest thing

48. **estoy en entredicho** I am under suspicion

madre! *(A* Mario, *señalando al* Padre.*)* ¡Él nos mandó subir a toda costa! Y yo lo logré. Y luego, cuando arrancó la máquina y os vi en el andén, ya no pude bajar. Me retuvieron. ¿No fue así, madre?

5 La madre.—Sí, hijo. *(Rehuye su mirada.)*

Vicente.—*(A* Mario.*)* ¿Lo oyes? ¡Subí porque él me lo mandó!

Mario.—*(Rememora.)* No dijo una palabra en todo el resto del día. ¿Te acuerdas, madre? Y luego, por la

10 noche.... *(A* Vicente.*)* Esto no lo sabes aún, pero ella también lo recordará, porque entonces sí se despertó.... Aquella noche se levantó de pronto y la emprendió a bastonazos con las paredes...[49] hasta que rompió el bastón: aquella cañita antigua que él

15 usaba. Nuestra madre espantada, la nena llorando, y yo escuchándole una sola palabra mientras golpeaba y golpeaba las paredes de la sala de espera de la estación, donde nos habíamos metido a pasar la noche.... *(El* padre *atiende.)* Una sola palabra, que

20 repetía y repetía: ¡Bribón! ¡Bribón!

La madre.—*(Grita.)* ¡Cállate!

Vicente.—¿Por qué supones que se refería a mí?

Mario.—¿A quién, si no?[50]

Vicente.—Pudieron ser los primeros síntomas de su

25 desequilibrio.

Mario.—Desde luego. Porque él no era un hombre al uso. Él era de la madera de los que nunca se reponen de la deslealtad ajena.[51]

Vicente.—¿Estás sordo? ¡Te digo que él me mandó

30 subir!

---

49. **la emprendió...paredes** he began beating the walls with his cane
50. **¿A quién, si no?** Who else, if not you?
51. **Él era...ajena.** He was the kind of man who never gets over another person's disloyalty.

La madre.—¡Nos mandó subir a todos, Mario!

Mario.—Y bajar. «¡Baja! ¡Baja!», te decía, lleno de ira, desde el andén.... Pero el tren arrancó...y se te llevó para siempre. Porque ya nunca has bajado de él.

Vicente.—¡Lo intenté y no pude! Yo había escalado la 5 ventanilla de un retrete. Cinco más iban allí dentro. Ni nos podíamos mover.

Mario.—Te retenían.

Vicente.—Estábamos tan apretados.... Era más difícil bajar que subir. Me sujetaron, para que no me que- 10 brara un hueso.

Mario.—*(Después de un momento.)* ¿Y qué era lo que tú sujetabas?

Vicente.—*(Después de un momento.)* ¿Cómo?

Mario.—¿Se te ha olvidado lo que llevabas? 15

Vicente.—*(Turbado.)* ¿Lo que llevaba?

Mario.—Colgado al cuello. ¿O no lo recuerdas? *(Un silencio.* Vicente *no sabe qué decir.)* Un saquito. Nuestras escasas provisiones y unos pocos botes de leche para la nena. Él te lo había confiado porque 20 eras el más fuerte.... La nena murió unos días des- pués. De hambre. *(*La madre *llora en silencio.)* Nunca más habló él de aquello. Nunca. Prefirió enloquecer.

(Un silencio.)

Vicente.—*(Débil.)* Fue...una fatalidad.... En aquel mo- 25 mento, ni pensaba en el saquito....

La madre.—*(Muy débil.)* Y no pudo bajar, Mario. Lo sujetaban....

(Largo silencio.)

Mario.—*(Al fin, habla, muy tranquilo.)* No lo sujeta- 30 ban; lo empujaban.

VICENTE.—*(Se levanta, rojo.)* ¡Me sujetaban!

MARIO.—¡Te empujaban!

VICENTE.—¡Lo recuerdas mal! ¡Sólo tenías diez años!

MARIO.—Si no podías bajar, ¿por qué no nos tiraste el
5   saco?

VICENTE.—¡Te digo que no se me ocurrió! ¡Forcejeaba
con ellos!

MARIO.—*(Fuerte.)* ¡Sí, pero para quedarte! Durante
muchos años he querido convencerme de que recor-
10   daba mal; he querido creer en esa versión que toda
la familia dio por buena.[52] Pero era imposible,
porque siempre te veía en la ventanilla, pasando
ante mis ojos atónitos de niño, fingiendo que intenta-
bas bajar y resistiendo los empellones que te daban
15   entre risas aquellos soldadotes.... ¿Cómo no ibas a
poder bajar? ¡Tus compañeros de retrete no desea-
ban otra cosa! ¡Les estorbabas! *(Breve silencio.)* Y
nosotros también te estorbábamos. La guerra había
sido atroz para todos; el futuro era incierto y, de
20   pronto, comprendiste que el saco era tu primer botín.
No te culpo del todo; sólo eras un muchacho hambriento y asustado. Nos tocó crecer[53] en años difí-
ciles....* ¡Pero ahora, hombre ya, sí eres culpable! Has
hecho pocas víctimas, desde luego; hay innumerables
25   canallas que las han hecho por miles, por millones.
¡Pero tú eres como ellos! Dale tiempo al tiempo[54]
y verás crecer el número de las tuyas.... Y tu botín.
*(*VICENTE, *que mostró, de tanto en tanto, tímidos
deseos de contestar, se ha ido apagando.*[55] *Ahora*

---

52. **dio por buena** considered true

53. **Nos tocó crecer** It was our lot to grow up

*In the original uncensored script this line read: «**Nos tocó crecer
en un tiempo de asesinos y nos hemos hecho hombres en un tiempo
de ladrones**».

54. **Dale tiempo al tiempo** Give it time

55. **se ha ido apagando** has been losing his aggressiveness

mira a todos con los ojos de una triste alimaña aco-
rralada. La madre *desvía la vista.* Vicente *inclina la*
cabeza y se sienta, sombrío. Mario *se acerca a él y*
le habla quedo.) También aquel niño que te vio en la
ventanilla del tren es tu víctima. Aquel niño sensible, 5
a quien su hermano mayor enseñó, de pronto, cómo
era el mundo.

El padre.—*(A* Encarna, *con una postal en la mano.)*
¿Quién es éste, muchacha?

Encarna.—*(Muy quedo.)* No sé. 10

El padre.—¡Je! Yo, sí. Yo sí lo sé. *(Toma la lupa y mira*
la postal con mucho interés.)

* * * * *

Vicente.—*(Sin mirar a nadie.)* Dejadme solo con él.

Mario.—*(Muy quedo.)* Ya, ¿para qué?

Vicente.—¡Por favor! *(Lo mira con ojos extraviados.)* 15

Mario.—*(Lo considera un momento.)* Vamos a tu
cuarto, madre. Ven, Encarna. *(Ayuda a su madre*
a levantarse. Encarna *se levanta y se dirige al pasillo.)*

La madre.—*(Se vuelve hacia* Vicente *antes de salir.)*
¡Hijo! 20

*(*Mario *la conduce.* Encarna *va tras ellos. Entran los*
tres en el dormitorio y cierran la puerta. Una pausa.
El padre *sigue mirando su postal.* Vicente *lo mira y se*
levanta. Despacio, va a su lado y se sienta junto a la
mesa, de perfil al Padre, *para no verle la cara.)* 25

Vicente.—Es cierto, padre. Me empujaban. Y yo no
quise bajar. Les abandoné, y la niña murió por mi
culpa. Yo también era un niño y la vida humana no
valía nada entonces.... En la guerra habían muerto
cientos de miles de personas.... Y muchos niños y 30

niñas también...de hambre o por las bombas....
Cuando me enteré de su muerte pensé: un niño más.
Una niña que ni siquiera había empezado a vivir....
(Saca lentamente del bolsillo el monigote de papel
5 *que su padre le dio días atrás.)* Apenas era más que
este muñeco que me dio usted.... *(Lo muestra con*
triste sonrisa.) Sí. Pensé esa ignominia para tranqui-
lizarme. Quisiera que me entendiese, aunque sé que
no me entiende. Le hablo como quien habla a Dios
10 sin creer en Dios, porque quisiera que Él estuviese
ahí.... *(El padre deja lentamente de mirar la postal y*
empieza a mirarlo, muy atento.) Pero no está, y
nadie es castigado, y la vida sigue. Míreme: estoy
llorando. Dentro de un momento me iré, con la
15 pequeña ilusión de que me ha escuchado, a seguir
haciendo víctimas.... De vez en cuando pensaré que
hice cuánto pude confesándome a usted y que ya no
había remedio,[56] puesto que usted no entiende.... El
otro loco, mi hermano, me diría: hay remedio. Pero,
20 ¿quién puede terminar con las canalladas en un
mundo canalla? *(Manosea el arrugado muñeco que*
sacó.)
El padre.—Yo.
Vicente.—*(Lo mira.)* ¿Qué dice? *(Se miran.* Vicente
25 *desvía la vista.)* Nada. ¿Qué va a decir? Y, sin
embargo, quisiera que me entendiese y me castigase,
como cuando era un niño, para poder perdonarme
luego.... Pero, ¿quién puede ya perdonar, ni castigar?
Yo no creo en nada y usted está loco. *(Suspira.)* Le
30 aseguro que estoy cansado de ser hombre. Esta vida
de temores y de mala fe fatiga mortalmente.[57] Pero
no se puede volver a la niñez.

56. **que ya...remedio** that there was no longer any way out
57. **fatiga mortalmente** is more than a man can stand

El padre.—No.

(Se oyen golpecitos en los cristales. El padre *mira al tragaluz con repentina ansiedad. El hijo mira también, turbado.)*

Vicente.—¿Quién llamó? *(Breve silencio.)* Niños. Siem- 5
pre hay un niño que llama. *(Suspira.)* Ahora hay que
volver ahí arriba...y seguir pisoteando a los demás.
Tenga. Se lo devuelvo. *(Le entrega el muñeco de
papel.)*
El padre.—No. *(Con energía.)* ¡No! 10
Vicente.—¿Qué?
El padre.—No subas al tren.
Vicente.—Ya lo hice, padre.
El padre.—Tú no subirás al tren. *(Comienza a oírse,
muy lejano, el ruido del tren.)* 15
Vicente.—*(Lo mira.)* ¿Por qué me mira así, padre?
¿Es que me reconoce? *(Terrible y extraviada, la
mirada del* Padre *no se aparta de él.* Vicente *sonríe
con tristeza.)* No. Y tampoco entiende.... *(Aparta la
vista; hay angustia en su voz.)* ¡Elvirita murió por 20
mi culpa,[58] padre! ¡Por mi culpa! Pero ni siquiera
sabe usted ya quién fue Elvirita. *(El ruido del tren,
que fue ganando intensidad, es ahora muy fuerte.*
Vicente *menea la cabeza con pesar.)* Elvirita.... Ella
bajó a tierra. Yo subí.... Y ahora habré de volver a 25
ese tren que nunca para...

*(Apenas se le oyen las últimas palabras, ahogadas
por el espantoso fragor del tren. Sin que se entienda
nada de lo que dice, continúa hablando bajo el ruido
insoportable.)* 30

58. **Elvirita murió por mi culpa** It was my fault Elvirita died

El padre.—*(Se está levantando.)* ¡No! ¡No!

(Tampoco se oyen sus crispadas negaciones.[59] *En pie*
y tras su hijo, que sigue profiriendo palabras inaudi-
bles, empuña las tijeras. Sus labios y su cabeza
5 *dibujan de nuevo una colérica negativa cuando*
descarga,[60] *con inmensa furia, el primer golpe, y*
vuelven a negar al segundo, al tercero.... Apenas se
oye el alarido del hijo a la primera puñalada, pero
sus ojos y su boca se abren horriblemente. Sobre el
10 *ruido tremendo se escucha, al fin, más fuerte, a la*
tercera o cuarta puñalada, su última imploración.)

Vicente.—¡Padre!

(Dos o tres golpes más, obsesivamente asestados por
el anciano entre lastimeras negativas, caen ya sobre
15 *un cuerpo inanimado, que se inclina hacia delante y*
se desploma en el suelo. El padre lo mira con ojos
inexpresivos, suelta las tijeras y va al tragaluz, que
abre para mirar afuera. Nadie pasa. El ruido del
tren, que está disminuyendo, todavía impide oír la
20 *llamada que dibujan sus labios.)*

El padre.—¡Elvirita!

(La luz se extingue paulatinamente. El ruido del tren
se aleja y apaga al mismo tiempo. Oscuridad total
en la escena. Silencio absoluto. Un foco ilumina a
25 *los investigadores.)*

* * * * *

59. **Tampoco se oyen...negaciones.** His convulsive cries of "no" are
not heard either.
60. **dibujan...descarga** show again angry denials when he lets loose

FOTO GYENES

ELLA.—El mundo estaba lleno de injusticia, guerras y miedo. Los activos olvidaban la contemplación; quienes contemplaban no sabían actuar.

ÉL.—Hoy ya no caemos en aquellos errores. Un ojo
5   implacable nos mira, y es nuestro propio ojo. El presente nos vigila; el porvenir nos conocerá, como nosotros a quienes nos precedieron.

ELLA.—Debemos, pues, continuar la tarea imposible: rescatar de la noche, árbol por árbol y rama por
10   rama, el bosque infinito de nuestros hermanos. Es un esfuerzo interminable y melancólico: nada sabemos ya, por ejemplo, del escritor aquel a quien estos fantasmas han citado reiteradamente. Pero nuestro próximo experimento no lo buscará; antes explora-
15   remos la historia de aquella mujer que, sin decir palabra, ha cruzado algunas veces ante vosotros.

ÉL.—El Consejo promueve estos recuerdos para ayudarnos a afrontar nuestros últimos enigmas.

ELLA.—El tiempo.... La pregunta...

20 ÉL.—Si no os habéis sentido en algún instante verdaderos seres del siglo veinte, pero observados y juzgados por una especie de conciencia futura; si no os habéis sentido en algún otro momento como seres de un futuro hecho ya presente que juzgan, con rigor
25   y piedad, a gentes muy antiguas y acaso iguales a vosotros, el experimento ha fracasado.

ELLA.—Esperad, sin embargo, a que termine. Sólo resta una escena. Sucedió once días después. Hela aquí.[61]
(Señala al lateral izquierdo, donde crecen las vibra-
30   *ciones luminosas, y desaparece con su compañero.)*

(El lateral derecho comienza a iluminarse también. Sentados al velador del café, ENCARNA *y* MARIO *miran al vacío.)*

61. **Hela aquí.** Here it is.

Encarna.—¿Has visto a tu padre?

Mario.—Ahora está tranquilo. Le llevé revistas, pero no le permiten usar tijeras. Empezó a recortar un muñeco...con los dedos. *(Encarna suspira.)* ¿Quién es mi padre, Encarna? 5

Encarna.—No te comprendo.

Mario.—¿Es alguien?

Encarna.—¡No hables así!

Mario.—¿Y nosotros? ¿Somos alguien?

Encarna.—Quizá no somos nada. 10

(Un silencio.)

Mario.—¡Yo lo maté!

Encarna.—*(Se sobresalta.)* ¿A quién?

Mario.—A mi hermano.

Encarna.—¡No, Mario! 15

Mario.—Lo fui atrayendo...[62] hasta que cayó en el precipicio.

Encarna.—¿Qué precipicio?

Mario.—Acuérdate del sueño que te conté aquí mismo.

Encarna.—Sólo un sueño, Mario.... Tú eres bueno. 20

Mario.—Yo no soy bueno; mi hermano no era malo. Por eso volvió. A su modo, quiso pagar.

Encarna.—Entonces, no lo hiciste tú.

Mario.—Yo le incité a volver. ¡Me creía pasivo, y estaba actuando tremendamente![63] 25

Encarna.—Él quería seguir engañándose.... Acuérdate. Y tú querías salvarlo.

Mario.—Él quería engañarse...y ver claro; yo quería salvarlo...y matarlo. ¿Qué queríamos en realidad? ¿Qué quería yo? ¿Cómo soy? ¿Quién soy? ¿Quién 30 ha sido víctima de quién? Ya nunca lo sabré.... Nunca.

---

62. **Lo fui atrayendo** I kept enticing him

63. **¡Me creía...tremendamente!** I thought I was passive, and I was acting in a tremendous way!

ENCARNA.—No lo pienses.

MARIO.—*(La mira y baja la voz.)* ¿Y qué hemos hecho los dos contigo?

ENCARNA.—¡Calla!

5 MARIO.—¿No te hemos usado los dos para herirnos con más violencia?

(Un silencio.)

ENCARNA.—*(Con los ojos bajos.)* ¿Por qué me has llamado?

10 MARIO.—*(Frío.)* Quería saber de ti. ¿Continúas en la Editora?

ENCARNA.—Me han echado.

MARIO.—¿Qué piensas hacer?

ENCARNA.—No lo sé. *(La prostituta entra por la derecha.*
15 *Con leve y aburrido contoneo profesional, se recuesta un momento en la pared.* ENCARNA *la ve y se inmuta. Bruscamente se levanta y toma su bolso.)* Adiós, Mario. *(Se encamina a la derecha.)*

MARIO.—Espera.

20 *(*ENCARNA *se detiene. Él se levanta y llega a su lado. LA ESQUINERA los mira con disimulada curiosidad y, al ver que no hablan, cruza ante ellos y sale despacio por la izquierda. El cuarto de estar se va iluminando; vestida de luto, LA MADRE entra en él y acaricia, con*
25 *una tristeza definitiva, el sillón de su marido.)*

ENCARNA.—*(Sin mirar a* MARIO.*)* No juegues conmigo.

MARIO.—No jugaré contigo. No haré una sola víctima más, si puedo evitarlo. Si todavía me quieres un poco, acéptame.

30 ENCARNA.—*(Se aparta unos pasos, trémula.)* Voy a tener un hijo.

MARIO.—Será nuestro hijo. *(Ella tiembla, sin atreverse a mirarlo. Él deniega tristemente, mientras se acerca.)* No lo hago por piedad. Eres tú quien debe apiadarse de mí.

ENCARNA.—*(Se vuelve y lo mira.)* ¿Yo, de ti?   5

MARIO.—Tú de mí, sí. Toda la vida.

ENCARNA.—*(Vacila y, al fin, dice sordamente, con dulzura.)* ¡Toda la vida!

(LA MADRE se fue acercando al invisible tragaluz. Con los ojos llenos de recuerdos, lo abre y se queda 10 *mirando a la gente que cruza. La reja se dibuja sobre la pared; sombras de hombres y mujeres pasan; el vago rumor callejero inunda la escena. La mano de ENCARNA busca, tímida, la de MARIO. Ambos miran al frente.)*   15

MARIO.—Quizá ellos algún día, Encarna.... Ellos sí, algún día.... Ellos...

(Sobre la pared del cuarto de estar las sombras pasan cada vez más lentas; finalmente, tanto LA MADRE, MARIO y ENCARNA, como las sombras, se quedan in- 20 *móviles. La luz se fue extinguiendo;[64] sólo el rectángulo del tragaluz permanece iluminado. Cuando empieza a apagarse a su vez, ÉL y ELLA reaparecen por los laterales.)*

ÉL.—Esto es todo.   25

ELLA.—Muchas gracias.

TELÓN

64. **La luz se fue extinguiendo** The light has been fading out gradually

PALABRAS Y EXPRESIONES ÚTILES,
PREGUNTAS,
TEMAS Y EJERCICIOS

(Asterisks in the text indicate the division of the material covered in each section of exercises.)

PARTE PRIMERA

Sección 1 (Páginas 23–27)

PALABRAS Y EXPRESIONES ÚTILES

cuarto de estar living room
semisótano basement apartment
fondo back, background
pasillo hallway
primer término downstage
recortar to cut out
Editora publishing house
tragaluz skylight, basement window
personaje character (fictional)
sombra shadow
velador small round table
cafetín neighborhood café
pareja couple
foco spotlight
volverse to turn around
presenciar to witness
extrañar to seem strange
rescatar to capture, ransom
soler to be in the habit of
por cuenta propia independently, on our own

PREGUNTAS

1. Se ven en el escenario el cuarto de estar de una casa,
   la oficina de la Editora y el velador de un cafetín. Des-

criba Vd. estos lugares. ¿Qué muebles se encuentran en los tres sitios?

2. ¿A qué clase económica pertenece la familia que vive en la casa?
3. ¿Cómo van vestidos Él y Ella? ¿Cómo son sus voces?
4. ¿Cómo sabemos que no son de nuestro siglo?
5. ¿Cuál puede ser la función de estos personajes?
6. ¿Cuál es el subtítulo de esta obra? ¿Por qué cree Vd. que se llama así?
7. ¿De qué siglo es la historia que van a presentar los experimentadores?
8. ¿Sabemos ya cuál es *la pregunta*?
9. ¿Qué quiere decir: «los árboles impiden ver el bosque»?
10. ¿Qué han aprendido finalmente los seres del futuro?
11. ¿Qué simboliza el sonido del tren?

TEMAS PARA CONVERSACIÓN O COMPOSICIÓN

1. ¿Está Vd. contento de vivir en este país y en esta época?
2. ¿Cuáles son los problemas más graves de los Estados Unidos ahora? ¿de España?
3. ¿Es Vd. optimista o pesimista en cuanto al futuro inmediato (los próximos cinco a diez años) de este país? Dé Vd. razones.
4. ¿Qué forma de gobierno tiene España ahora?
5. ¿Qué medios de transporte existen en el mundo de hoy? ¿Qué modo de viajar le gusta más a Vd.?
6. ¿Puede Vd. imaginar la vida dentro de cien años? ¿Cómo serán, por ejemplo las casas, las comunicaciones, los transportes, la ropa, los peinados, las diversiones?
7. ¿Le molesta la idea de que en un futuro lejano alguien pueda ver y oír todo lo que Vd. ha dicho, hecho y pensado?

8. ¿Cree Vd. que algún día los seres humanos aprenderán del pasado para no cometer los mismos errores?

EJERCICIO

Cambie al plural los sujetos de las frases siguientes, efectuando también todos los demás cambios necesarios:

MODELO: El cestillo de pan es pequeño.
Los cestillos de pan son pequeños.

1. El cuarto de estar es modesto.
2. La pared no se ve completa.
3. La jarra de agua está en la mesa.
4. El amplio tragaluz ilumina al semisótano.
5. La sombra de la reja se proyecta sobre la estancia.
6. La única pared que se ve con claridad es la del fondo.
7. No se advierte la techumbre.
8. La luz ilumina a la pareja.
9. He sido muy afortunado.
10. Quien la formula no es una personalidad notable.

Sección 2 (Páginas 27–33)

PALABRAS Y EXPRESIONES ÚTILES

pruebas de imprenta printer's proofs
vulgar ordinary
descolgar to pick up the receiver
diga hello (on the telephone)
sí que + verb surely, really, certainly
otros en puertas others pending
conforme right, OK
comprendido I understand

echar to throw out, fire
recoger to pick up
repasar to look over
Fulano, -a so-and-so
abstraerse to become distracted, daydream
denegar to say no

PREGUNTAS

1. ¿Qué dos escenas se ven simultáneamente al empezar este cuadro?
2. Describa Vd. a Encarna y lo que su apariencia sugiere.
3. En esta escena, Vicente habla con Juan. ¿Quién parece ser Juan?
4. ¿Quién es Eugenio Beltrán?
5. ¿Qué teme Encarna en cuanto al grupo nuevo que dirige la Editora?
6. ¿Qué relaciones existen entre Encarna y Vicente? De no ser así, ¿cree Vd. que Encarna podría ser su secretaria?
7. Según la conversación entre Encarna y Vicente, ¿cómo escribe Beltrán?
8. Cuando Vicente pregunta «¿En qué piensas?» vemos una representación del pensamiento de Encarna. Describa Vd. la acción y lo que significa.
9. Explique Vd. por qué Encarna se sobresalta al oír la palabra *fulana*.

TEMAS PARA CONVERSACIÓN O COMPOSICIÓN

1. ¿Piensa Vd. mal de Encarna a causa de sus relaciones con Vicente?
2. ¿Le parece a Vd. exagerada la preocupación de Encarna?

3. ¿Deben todas las mujeres tener la preparación suficiente para poder mantenerse independientemente?

4. ¿Por qué existe la prostitución? ¿Debería legalizarse? ¿Por qué?

5. ¿Qué importancia tiene el dinero en la vida de los jóvenes de hoy? ¿en la vida de Vd.?

6. ¿Cree Vd. que es el deber de todo empleado hacer lo que manden los jefes? ¿Se sentiría Vd. culpable si hiriera a alguien actuando bajo las órdenes de un jefe (como en el caso de Vicente)?

EJERCICIOS

Los verbos gustar *y* encantar *funcionan de la misma manera.* Gustar *es menos enfático que* encantar, *y se usa más cuando una persona es el sujeto de la frase. Después de repasar la formación de estos verbos, escriba Vd. la forma apropiada en el espacio en blanco, y traduzca al inglés la frase completa. (Otros verbos comunes que funcionan como éstos son* faltar, hacer falta, quedar, bastar.*)*

MODELO: (gustar) Esta postal le <u>gusta</u> a mi padre.

1. (encantar) Nos _____ las revistas ilustradas con fotos.

2. (gustar) ¿Te _____ leer?

3. (encantar) El sonido del tren les _____.

4. (gustar) ¿No os _____ estos pasteles?

5. (encantar) Me _____ caminar por la calle contigo.

6. (gustar) ¿Te _____ yo, mi amor?

7. (gustar) Sí, mi vida, me_____ muchísimo.

8. (gustar) ¿Te _____ también mis zapatos nuevos?

9. (gustar) No, y tampoco me _____ tu traje.

10. (encantar) Pero sí que me _____ besarte.

Empleando sí que *o* sí para intensificar el sentido del verbo, haga Vd. las siguientes afirmaciones:

MODELO: We surely <u>do</u> study.   *Sí que estudiamos.*

1. They surely <u>are</u> reviewing the vocabulary.
2. He surely <u>does</u> cut out pictures.
3. The magazine really <u>is</u> splendid.
4. She <u>does</u> seem ordinary.
5. I <u>am</u> in the habit of sleeping late.

Sección 3 (Páginas 33–37)

PALABRAS Y EXPRESIONES ÚTILES

urgir to be urgent
con desaliño carelessly
cabello hair
menos mal it's a good thing
locura insanity
vejez old age
regalar to give (as a gift)
crecer to grow (up)
monigote paper doll
subir to go up, get on or in (a vehicle)
cartera briefcase
proteger to take responsibility for, provide for
duro hard, harsh
puede que perhaps
suspirar to sigh

PREGUNTAS

1. ¿Por qué dice Encarna que no puede cenar con Vicente?
2. ¿Qué llevará Vicente a casa de sus padres?

3. ¿Cómo es el padre de Vicente? ¿Cómo es su hermano, Mario?

4. ¿Qué sonido introduce la escena del padre y Mario? ¿Se acuerda Vd. de lo que significa este sonido, según los experimentadores?

5. Según el padre, ¿dónde está el tren? Donde el padre ve el tren, ¿qué ve Mario?

6. ¿Ha leído Vd. *Don Quijote de La Mancha*? ¿Quiénes son los dos personajes principales? Donde ve gigantes don Quijote, ¿qué ve Sancho? ¿Qué relación ve Vd. entre estos personajes y los personajes de *El tragaluz*?

7. ¿Qué recorta el padre?

8. Recordando lo que dijeron los experimentadores, ¿cree Vd. que esta escena pasó realmente, o que es la visualización de la preocupación de Vicente?

TEMAS PARA CONVERSACIÓN O COMPOSICIÓN

1. ¿Cuáles son las necesidades materiales básicas para Vd? Por ejemplo, ¿necesita Vd. un televisor? (¿blanco y negro o en color?) ¿un coche? (¿nuevo o viejo?) ¿buena ropa? ¿carne todos los días? ¿una casa particular? ¿una nevera? ¿dinero en el banco?

2. En este cuadro, Mario ve un tragaluz donde ve su padre un tren. ¿Qué visiones distintas se dan o se pueden dar, por ejemplo, en cuanto a un amigo? ¿los profesores? ¿los candidatos políticos? ¿las leyes sobre las drogas? ¿el aborto? ¿la *CIA*? ¿la pena de muerte? ¿los asesinatos políticos de los últimos años?

3. Si Encarna va a tener un hijo, ¿debe Vicente casarse con ella? (Tenga en cuenta las leyes y las costumbres españolas.)

4. ¿Qué responsabilidades tiene el padre por un niño ilegítimo (morales, legales, económicas)? ¿Tiene tanta respon-

sabilidad—y tantos derechos—como la madre? Comente
Vd. la situación actual y la situación ideal.

5. En su opinión, ¿qué es la locura?
6. ¿Opina Vd. que es una locura ser honesto y honrado en
nuestra época?
7. ¿Hay situaciones en que Vd. engañaría o robaría sin sentirse culpable?

EJERCICIO

*¿Qué infinitivos tienen la misma raíz que estos sustantivos?
Escriba Vd. cinco frases originales utilizando varios de
estos verbos y sustantivos:*

MODELO: la cena → cenar

        Como no vamos a cenar, vamos a merendar.

1. la prosperidad
2. el recorte
3. la vuelta
4. la salvación
5. el trabajo
6. el golpe
7. la pregunta
8. la muerte
9. la prueba
10. la merienda
11. el olvido
12. el enfado
13. el desarrollo
14. el encanto
15. el regalo
16. el pensamiento
17. la mirada

Sección 4 (Páginas 37–43)

PALABRAS Y EXPRESIONES ÚTILES

sala de espera waiting room
par couple
velar to look out for
paquete package
canturrear to hum
bobo fool
tardar to take a long time
bastar to be enough
muñeco doll
¡caramba! my goodness!
pasteles pastries
abrazar to embrace, hug
pagar el plazo to pay the installment
nevera refrigerator
sobre envelope (here, with money)

PREGUNTAS

1. ¿A qué sala de espera se refiere el padre? ¿Dónde, entonces, piensa él que está? ¿Qué relación tiene la sala de espera con el tragaluz?
2. ¿Qué hace el padre con las postales? ¿Por qué?
3. ¿Cómo es la madre?
4. ¿Quién tiene un coche?
5. ¿Cómo recibe la madre a Vicente?
6. ¿Cómo lo recibe el padre?
7. ¿Qué trae Vicente a su padre?
8. ¿Tiene Vicente mucho tiempo para su familia? ¿Cuál parece ser la cosa más importante en la vida de él?
9. ¿Qué hace Vicente por la familia?

TEMAS PARA CONVERSACIÓN O COMPOSICIÓN

1. ¿Cree Vd. que Vicente hizo mal en dejar la casa de sus padres?
2. ¿Por qué cree Vd. que no se marcha Mario?
3. ¿Qué reacción tiene Vd. al mirar fotografías antiguas de sus antepasados? ¿de personajes ilustres o desconocidos?
4. Al ver a gente desconocida por la calle, ¿se pregunta Vd. cómo es su vida?
5. ¿Qué responsabilidad tiene un hijo por sus padres? Si tiene dinero y los padres no lo tienen, ¿debe mantenerlos?
6. En un país relativamente pobre como España, ¿qué significa tener un coche?

EJERCICIO

Después de repasar los usos de ser *y* estar, *llene Vd. los espacios en blanco con el verbo apropiado en la forma indicada:*

MODELOS: Mi padre ___es___ un hombre de negocios.

   (nosotros) ___Estamos___ leyendo una obra de teatro.

1. La cómoda _____ en la sala.
2. La leche no _____ caliente todavía.
3. ¿ _____ cansados, niños?
4. El padre parece _____ loco.
5. ¿Dónde _____ los pasteles?
6. Mario _____ un hombre muy serio.
7. ¿En qué universidad _____ (tú) estudiando?
8. *El tragaluz* _____ una obra teatral; _____ escrita por Antonio Buero Vallejo.
9. Mario y Vicente _____ hermanos.

10. ¿ _____ amable su profesor(a)?

11. La puerta _____ abierta.

12. ¿_____ casados tus hermanos?

13. Mi madre _____ abogada.

14. ¿_____ aburrida la gramática para Vd.?

15. Las personas interesadas en muchas cosas no suelen _____ aburridas nunca. [Defienda su punto de vista.]

Sección 5 (Páginas 43–47)

PALABRAS Y EXPRESIONES ÚTILES

tirar de to pull on
lupa magnifying glass
empeorar to get worse
probar to test
merendar to eat an afternoon snack
mojar to dunk
¡asqueroso! your're awful!
morder to bite
bocado mouthful
¡qué casualidad! what a coincidence!
callar to hush
cuenta bill, check
enfadarse to get angry
imprescindible essential, indispensable

PREGUNTAS

1. ¿Qué pregunta hace el padre sobre las postales? ¿Qué contesta Vicente?

2. ¿Cree el padre que sabe quiénes son los personajes en las postales?
3. ¿Cuáles son las preocupaciones de la madre?
4. ¿Cómo trata la madre al padre?
5. ¿Cuál es la explicación que da Vicente sobre la «necesidad» de un coche?
6. ¿Qué trabajo hace Mario?
7. Mientras hablan los hermanos en casa, llega Encarna al cafetín. ¿A quién espera?
8. Describa Vd. las dos escenas que se ven simultáneamente.

TEMAS PARA CONVERSACIÓN O COMPOSICIÓN

1. En España no es raro que un hijo soltero—o una hija soltera—siga viviendo con sus padres. Compare Vd. esta costumbre con la que Vd. considera general en los Estados Unidos. ¿Cuáles son las ventajas y desventajas de ambos sistemas?
2. ¿Se preocupa su madre por su futuro (o actual) matrimonio?
3. ¿Con qué clase de persona quiere su madre que se case?
4. ¿Le molesta a Vd. que su madre se interese por sus asuntos personales, o lo considera Vd. normal?
5. ¿El matrimonio sigue siendo muy importante? ¿tan importante como lo fue para sus padres? Explíquese.
6. ¿Qué efectos produce el desarrollo económico en cualquier sitio?
7. ¿Le ha afectado a Vd. la crisis económica de los Estados Unidos?

EJERCICIOS

Escriba los mandatos formales de los verbos siguientes.
Aparecen aquí en la primera persona singular del presente.

MODELO: sigo → siga Vd.

1. beso
2. hago
3. tengo
4. salgo
5. escribo

Cambie Vd. los siguientes mandatos familiares negativos a la forma afirmativa:

MODELO: no te fijes → fíjate

1. no creas
2. no te sientes
3. no esperes
4. no vengas
5. no oigas
6. no te rías
7. no te vayas
8. no tomes
9. no calles

Cambie Vd. los siguientes mandatos familiares afirmativos a la forma negativa:

MODELO: vete → no te vayas

1. habla
2. come
3. levántate
4. trae
5. acércate
6. sigue
7. da
8. escucha

Sección 6 (Páginas 47–52)

PALABRAS Y EXPRESIONES ÚTILES

aparato television set
figurarse to imagine
anuncio commercial announcement
bromear to joke
bobada foolishness
manía obsession, crazy desire
juego de las adivinanzas guessing game
esquina street corner
señalar to point to
afecto tenderness, affection
aprovechar to take advantage
lograr to achieve
suceder to happen
no del todo not completely

PREGUNTAS

1. ¿Qué parece haber molestado al padre cuando miraba *El misterio de Elche*? ¿Qué hizo? ¿Por qué dice Mario que lo que hizo su padre tiene sentido?
2. Según Vicente, ¿de qué sufre su padre?
3. ¿Cuándo empezó Mario a notar la enfermedad del padre?
4. ¿Qué juego de muchachos tenían Vicente y Mario?
5. Según el padre, ¿qué hay donde Mario ve el tragaluz?
6. ¿Cómo reacciona Vicente cuando Mario le dice lo que el padre ve en el tragaluz? ¿Qué puede significar la reacción de Vicente?
7. ¿Ha notado Vd. que la comida parece tener mucha im-

portancia en la obra (café, ensaimadas, pasteles, comer, merendar, etcétera)?   ¿Qué puede significar? Dé Vd. varias razones.

8. ¿Saben los investigadores si las escenas que captaron eran acciones o sólo pensamientos?

TEMAS PARA CONVERSACIÓN O COMPOSICIÓN

1. ¿Cree Vd. que Buero tiene razón al proyectar los pensamientos con la misma fuerza que las acciones? Explique su punto de vista.
2. ¿Cree Vd. lo que oye por radio y televisión (tanto las noticias como los anuncios)? Explíquese.
3. ¿Ha querido Vd. destrozar la televisión alguna vez? ¿Le parece que la acción del padre tiene cierta lógica?
4. ¿Qué aspectos de la televisión le molestan?
5. ¿Qué cualidades personales le irritan más?
6. ¿Qué aspectos de la vida nacional le preocupan?

EJERCICIOS

Escriba Vd. el adjetivo que tiene la misma raíz que estos sustantivos:

MÓDELO: la energía → enérgico

1. la tranquilidad
2. la diversión
3. la inquietud
4. el interés
5. la realidad
6. la dulzura
7. la antigüedad

8. la tristeza
9. la libertad
10. la casualidad
11. la capacidad

Llene Vd. el espacio en blanco con la forma apropiada del adjetivo:

MODELO: (dulce) Estos pasteles son demasiado ___dulces___.

1. (antiguo) ¿Te gustan las fotos _____?
2. (divertido) La fiesta fue muy _____.
3. (capaz) Estos estudiantes son _____ de grandes cosas.
4. (casual) Jaime prefiere los encuentros _____ a las citas formales.
5. (interesado) Parece que todo el mundo está _____ en la condición de la economía.

Sección 7 (Páginas 52–57)

PALABRAS Y EXPRESIONES ÚTILES

darse la mano to shake hands
cerveza beer
asustado afraid, scared
de pensión en pensión (going) from boardinghouse to boardinghouse
cobrar to collect
billete bill (money)
rincón nook, corner (of a room), small space
sótano basement
bajezas mean acts
suplicar to beg

cintura waist

muñeca wrist

PREGUNTAS

1. ¿Cómo es el encuentro en el cafetín entre Encarna y Mario?
2. ¿Cómo ha sido el pasado de Encarna?
3. ¿Qué deseaba el padre de Encarna para el futuro de ella? ¿Cómo murió él?
4. ¿Por qué no estudió Mario?
5. ¿Qué cuenta Mario de su padre en la época después de la guerra?
6. ¿Cuál es la actitud del nuevo grupo en la Editora hacia Beltrán?
7. ¿Qué admira Mario en Beltrán?
8. ¿Qué soñó Mario? ¿Cómo interpreta Vd. este sueño?
9. ¿Qué reúne Encarna para el padre de Mario y Vicente?
10. Vicente había apartado una de las postales, explicando que no tenía gente. ¿De qué era la postal?
11. Al saber que era de un tren, ¿cómo reacciona Mario?
12. ¿Cree Vd. que la prostituta que se ve en el escenario es real o un pensamiento de Encarna?
13. ¿Cómo presentará Mario a Encarna en su casa?

TEMAS PARA CONVERSACIÓN O COMPOSICIÓN

1. ¿Se parece su padre (de Vd.) a Vicente? ¿a Mario?
2. ¿Conoce Vd. a alguien como el padre? ¿Quién?
3. ¿Qué significa el comer en su vida? (¿un rito? ¿una necesidad molesta? ¿una diversión? ¿una manía? ¿otra cosa?)

4. Si Vd. hubiera sufrido hambre, ¿cree Vd. que sería diferente su idea de la importancia de la comida?

5. Si Beltrán es un héroe para Mario, ¿quién es un héroe para Vd.? Explique Vd. por qué admira a esa persona.

6. ¿Cree Vd. en el sistema político de su país?

7. ¿Confía Vd. en los políticos? ¿Por qué?

8. Si Vd. cree en el sistema democrático pero desconfía de los políticos elegidos, ¿tiene Vd. alguna solución?

EJERCICIO

Repase Vd. los usos del imperfecto y del pretérito. Llene los espacios en blanco con la forma apropiada de uno de estos tiempos:

MODELO: (encontrarse) Anoche Mario y Encarna <u>se encontraron</u> en el cafetín.

1. (decir) Mi padre siempre me _____ : «Estudia y trabaja».

2. (volver) Cuando la familia _____ a Madrid, se metió en el semisótano.

3. (ir) El año pasado, Miguel y yo _____ a Mallorca.

4. (dormir) Mientras él estudiaba, yo _____.

5. (ser, llegar) ¿Qué hora _____ anoche cuando Pepe _____?

6. (terminar) ¿A qué hora _____ la clase esta tarde?

7. (conocer) (Yo) _____ a tu hermana la semana pasada en una fiesta.

8. (pensar) Siempre _____ que leer una obra literaria en otra lengua sería más difícil.

Sección 8 (Páginas 57–65)

PALABRAS Y EXPRESIONES ÚTILES

lo sucedido what happened
lucha struggle, fight

devolver to return (an object)
consejero board member, adviser
¡Suelta! Let me go!
averiguar to find out
cesto wastebasket
trozo piece
descuido carelessness
ayudante assistant
de gran porvenir with a great future
aumento raise (in salary)
sueldo salary
mentir to lie
rarezas strange ways

PREGUNTAS

1. ¿Cuándo sucede este cuadro?
2. ¿Qué apariciones fragmentarias captaron los detectores?
3. ¿Qué pueden representar los «antropoides en marcha y niños ateridos tras una alambrada»?
4. Cuando Mario visita la Editora, ¿qué pasa entre él y Encarna?
5. ¿Por qué no permite Encarna que Mario la bese?
6. ¿Quién es Elvirita? ¿Por qué la confunde el padre con Encarna?
7. ¿De qué murió Elvirita?
8. ¿Qué ha encontrado Encarna en el cesto?
9. Aunque la obra no lo explique directamente, ¿qué imagina Vd. que la Editora puede tener en contra de Beltrán?
10. ¿Qué proposición hace Vicente a Mario? ¿cómo reacciona Mario?
11. ¿Quería Vicente a Mario en la Editora realmente? ¿Por qué? Mencione Vd. dos razones.
12. ¿Por qué llora Encarna?

TEMAS PARA CONVERSACIÓN O COMPOSICIÓN

1. ¿Cree Vd. que algún día una máquina (como la de la obra) pueda captar imágenes vivas del pasado?
2. En su opinión, ¿las «mentes lúcidas» pueden percibir imágenes lejanas y oír mensajes?
3. ¿Qué le parecen los pronósticos del futuro?
4. ¿Ha consultado Vd. alguna vez a un adivino?
5. ¿Cree Vd. en la percepción extrasensorial? Cite Vd. ejemplos en pro y en contra.
6. ¿Le gustaría a Vd. de veras saber su futuro?

EJERCICIO

En las siguientes frases, sustituya Vd. un pronombre por el sustantivo subrayado:

MODELOS: Leo el libro.   Lo leo.
      Traiga la carta.   Tráigala.
      No busque Vd. problemas.   No los busque.
      Está escribiendo un examen.   Está escribiéndolo.

1. Los aparatos espacializan las más extrañas visiones.
2. Los consejeros nuevos traen sus candidatos.
3. Tú sabes que me quieres.
4. En la tienda, compramos leche y pan.
5. Encarna está leyendo la novela.
6. No tires esos pedazos.
7. Mario sacó unos trozos de papel del cesto.
8. Encarna, escribe la carta antes de que salgas.
9. Los padres suelen querer mucho a sus niños.
10. Siempre estudie Vd. las reglas antes de escribir.

Sección 9 (Páginas 65–69)

PALABRAS Y EXPRESIONES ÚTILES

sillón armchair
fumar to smoke
muy lejano very far off
bautizo baptism
¡claro! of course!
risa laughter
hacia fuera outside
suspiro sigh
luna round wall mirror
perder to miss, lose
lo de menos the least of it
bajar to get off
de pronto suddenly
citar to make a date

PREGUNTAS

1. Cuando Vicente fuma, abstraído, y se oye el ruido del tren, ¿qué vemos?
2. ¿Tiene lugar realmente esta escena, o es un pensamiento de Vicente? Explique su punto de vista.
3. ¿A quién busca el padre en las postales?
4. Según la madre, ¿qué pasó a Vicente en el tren que perdió la familia?
5. Según Mario, ¿de qué dos maneras se mueren los niños?
6. ¿Cómo interpreta Vd. este comentario de Mario?
7. ¿Quiere la madre que Mario se case con Encarna?
8. Si se casan Encarna y Mario, ¿dónde vivirán?

TEMAS PARA CONVERSACIÓN O COMPOSICIÓN

1. Dé Vd. varias explicaciones del símbolo del tren en la obra.

2. ¿Hasta qué punto es importante que Vd. «tome el tren» en la vida?

3. ¿Qué entiende Vd. por la palabra *inocencia*?

4. ¿Cree Vd. que un ser humano necesariamente pierde su inocencia simplemente al vivir en este mundo?

5. Antes de venir a clase, elija Vd. un personaje desconocido (una persona cuya foto aparece en una postal o revista, o que ha visto Vd. en la calle). Imagine Vd. cómo es la vida de esa persona, y explique cómo ha llegado a sus conclusiones. Si escoge una postal o foto, tráigala Vd. a clase.

6. Compare Vd. las costumbres familiares españolas aparentes en esta obra con las costumbres familiares de su país.

7. ¿Pasa con mucha frecuencia que los hijos de una familia son muy diferentes? Mencione Vd. casos que conoce, y explíquelos.

8. ¿Le parece más importante la herencia o el ambiente en la formación de la personalidad?

EJERCICIOS

Recordando que ciertas palabras interrogativas llevan acento (¿qué?, ¿cuál?, ¿cuándo?, ¿cuánto?, ¿quién?, ¿cómo?, ¿dónde?, ¿por qué?), formule Vd. las preguntas correspondientes a estas contestaciones:

MODELO: Se fue con mi hermano.

¿Con quién se fue?

1. Ese señor tan guapo es mi marido.

2. Estamos muy bien, gracias.

3. No quiero nada para mojar, gracias.

4. Los niños mueren de dos maneras.

5. De las dos, prefiero a Juana.

6. Hay doce meses en el año.

7. Salimos para España el trece de marzo.

8. Estoy llorando porque no me abrazaste al entrar.

9. El sombrero es de ese señor.

10. Es la luna, naturalmente.

11. Estamos en la clase.

12. Se conocieron el 28 de diciembre.

Practique el uso del futuro que indica una posibilidad o una probabilidad. Las indicaciones en inglés son: probably, suppose, can, wonder, must. *Si la frase en inglés tiene un verbo auxiliar (*have *o* has*), tendrá Vd. que emplear una forma de* haber.

MODELOS:

I wonder if they have arrived already?

¿Habrán llegado ya?

Where can my mother be?

¿Dónde estará mi madre?

Who do you suppose has my book?

¿Quién tendrá mi libro?

They are probably in Spain.

Estarán en España.

1. He is probably sitting (seated) in the chair.

2. Do you suppose you have lost your book?

3. She is probably sick.

4. It must be three o'clock.

5. I wonder what time it is.
6. Who can that be?
7. They have probably arrived.
8. It must be your father.
9. I wonder who's kissing her now.

Sección 10 (Páginas 69–76)

PALABRAS Y EXPRESIONES ÚTILES

piso apartment
contrariado annoyed
puño fist
sensato sensible
engaño deceit
componenda shady deal
pisotear to step on
pozo pit
equivocarse to make a mistake
junto a close to
capaz capable
despertar to wake up
mantener to support
tópico commonplace thing, cliché
sobrar to be superfluous, have left over

PREGUNTAS

1. Cuando llega Vicente, ¿Qué le pregunta a Mario sobre la Editora? ¿Le contesta Mario directamente?
2. ¿Por qué cree Mario que su padre no es sólo un viejo demente?

3. ¿Qué pregunta el padre constantemente?
4. ¿Qué le repugna a Mario de su mundo?
5. ¿Quién ha mantenido a los padres desde la guerra?
6. ¿Qué le interesaría a Mario hacer en cuanto a las personas que ve en las fotos?
7. ¿Qué hacían Mario y Vicente ante el tragaluz cuando eran niños?
8. En esta conversación de los dos hermanos, se pueden ver sus personalidades y algo de sus ambiciones y conflictos. ¿Qué factores positivos y negativos se ven en ambos?
9. ¿Qué dos actitudes muestran Vicente y Mario cuando su padre casi se corta con las tijeras?

TEMAS PARA CONVERSACIÓN O COMPOSICIÓN

1. ¿Qué hay en este mundo que le repugna a Vd.?
2. ¿Qué juegos de niños le gustaban especialmente?
3. ¿Qué hay que hacer para tener éxito material?
4. ¿Qué entiende Vd. por el éxito personal?
5. ¿Qué cosas se negaría a hacer para mantenerse?
6. ¿Qué opina Vd. sobre la posibilidad de otra guerra en los Estados Unidos?

EJERCICIO

Llene Vd. los espacios en blanco con la forma apropiada del verbo indicado:

MODELO: (salir) Antes de la llegada de los nuevos directores, Encarna siempre _salía_ temprano de la oficina.

1. (recortar) El padre pasa su tiempo _____ postales.
2. (tener) ¿_____ (yo) que ir al bautizo?

3. (tratar) Nosotros _____ de subir al tren, pero no pudimos.

4. (levantarse) ¿A qué hora _____ tú esta mañana?

5. (haber) ¿_____ subido (tú) al tren?

6. (haber) Antes de este año, yo nunca _____ trabajado.

7. (llegar) Ayer por la tarde, _____ mis amigos de España.

8. (abrazar) ¿Serías capaz de _____ a tu peor enemigo?

9. (hacerse) Cuando se cortó, _____ daño.

10. (ir) En el futuro, ¿_____ Vds. a la luna?

Sección 11 (Páginas 76–86)

PALABRAS Y EXPRESIONES ÚTILES

brindar to treat to
charla chat
tener prisa to be in a hurry
barrio neighborhood
receta prescription
de cartón cardboard
disparate nonsense
chaqueta jacket
calentar to heat
llevarse to take away

PREGUNTAS

1. Cuando Mario abre el tragaluz, ¿qué intenta hacer?

2. ¿Dónde está situado el tragaluz? ¿Dónde se proyectan las sombras?

3. ¿Qué sombra ve en seguida el espectador? ¿Qué puede simbolizar? ¿Qué imágenes se ven luego?

4. Mirando a las personas por el tragaluz, ¿qué hace Mario que no hace Vicente?

5. ¿Qué relación hay entre lo que hace Mario y lo que hacen los experimentadores?

6. ¿A qué personaje en la obra recuerda la chica de pueblo que lleva una maleta?

7. ¿A quién ha creído ver Mario por el tragaluz? ¿Vicente se siente culpable en esta situación?

8. ¿A quién esperaba Encarna en el cafetín realmente?

TEMAS PARA CONVERSACIÓN O COMPOSICIÓN

1. ¿Cuál de los personajes de la obra le gusta más a Vd.? ¿Se identifica Vd. con alguno de ellos?

2. ¿Se identifica—o siente Vd. una solidaridad—con sus antepasados?

3. ¿Qué juegos le gustaban a Vd. cuando era muy joven?

4. ¿Cómo es un ser cínico?

5. ¿Es Vd. cínico? ¿Cómo se definiría a sí mismo?

6. ¿Qué siente Vd. cuando algún desgraciado o hambriento se acerca para pedir ayuda? ¿Se identifica Vd. con él o no?

7. ¿Se queja Vd. al dar una parte de su sueldo para mantener a los que no trabajan? ¿Cree Vd. que algunos se aprovechan de nuestro sistema de beneficios sociales? ¿Qué solución hay?

EJERCICIOS

Después de repasar los usos de las construcciones reflexivas, escriba Vd. las frases siguientes utilizando estos verbos: pararse, volverse, llevarse, fijarse, quedarse, marcharse, hablar, ver, oír.

MODELO: Did you notice what they were saying to each other?
   ¿Se fijó Vd. en lo que se decían?

1. Voices are heard in the street.
2. Juana and Ramón saw each other frequently.
3. Will you invite me to stay?
4. The glasses had already been taken away.
5. Will Spanish be spoken in five hundred years?
6. When the train stopped, we got on.
7. The investigators turned around and left.

Haga Vd. negativas las frases siguientes:

MODELOS: Tiene una maleta.   No tiene ninguna maleta.

¿Has ido al cine con   ¿No has ido nunca al cine
    ella alguna vez?   con ella?

Tengo algo en el ojo.   No tengo nada en el ojo.

Alguien te ha visto.   Nadie te ha visto.

1. Tienen algunas ensaimadas.
2. Alguien se llevó algo.
3. ¿Has vivido alguna vez en este barrio?
4. Siempre tenemos prisa.
5. Veo a alguien en la calle.
6. Tengo algo que decirte.

PARTE SEGUNDA

Sección 1 (Páginas 87–97)

PALABRAS Y EXPRESIONES ÚTILES

vacío empty
reanudarse to resume
deshacer to release, undo
tinto red wine
sonar to ring
atreverse a + inf. to dare to + inf.
dejar de + inf. to stop, cease + inf.
sujetar to hold, restrain
retrete toilet
nena little girl
gesto gesture
apenas hardly
corriente ordinary
pesado annoying
marcharse to leave, go away
juzgar to judge

PREGUNTAS

1. ¿Qué contrastes de luz se notan al subir el telón? ¿Qué sugieren estas diferencias de luz?
2. ¿Cuántos días han pasado?
3. Mencione Vd. varios fragmentos que se rescataron de esos días.

4. Según los experimentadores, ¿qué nos va a revelar el resto de la historia?
5. ¿Quién llama a Encarna por teléfono? ¿Por qué no contesta ella?
6. ¿Qué añade la madre a la historia del tren?
7. ¿Cómo recibe el padre a Vicente?
8. ¿Qué postal le da Vicente a su padre?
9. ¿Cómo reacciona el padre cuando Vicente menciona a Elvirita?
10. ¿Qué se oye por el tragaluz? ¿Le parece a Vd. importante lo que se oye? Explique.

TEMAS PARA CONVERSACIÓN O COMPOSICIÓN

1. ¿Cree Vd. que el diálogo entre la voz masculina y la voz femenina sucede realmente o que es algo que imagina Vicente? Dé sus razones.
2. ¿A qué estilo de vida (o «tren») aspira Vd.?
3. ¿Cambian de verdad las personas o sólo cambian las apariencias y las ideas pequeñas?
4. Al mirar a las personas desconocidas que se pasean por la calle, ¿se hace Vd. preguntas sobre ellas? ¿Cuáles, por ejemplo?
5. ¿Qué clase de postales le gusta más recibir? ¿Las de personas o las de paisajes?
6. ¿Le gustan las obras que presentan una visión de un futuro lejano? Mencione algunas que conoce.

EJERCICIOS

Forme Vd. la primera persona singular del presente del subjuntivo de estos verbos:

MODELO: hablo → hable

1. me levanto
2. oigo
3. traigo
4. sigo
5. vengo
6. voy
7. soy

Forme Vd. la tercera persona singular del imperfecto del subjuntivo de estos verbos:

MODELO: hicieron→hiciera, hiciese

1. tuvieron
2. comieron
3. vivieron
4. se acercaron
5. vinieron
6. se marcharon
7. creyeron
8. dijeron
9. se fueron

Sección 2 (Páginas 97–106)

PALABRAS Y EXPRESIONES ÚTILES

vacilante hesitatingly
lo extraños how strange
elegir to choose, elect
discutir to argue
rechazar to reject
canallada dirty deal
hombre ejemplar model of a man

encogerse de hombros to shrug one's shoulders
embustero liar
campaña campaign
dictadorzuelo petty little dictator
hucha money box
atreverse a to dare to
fiel faithful
grato pleasant

PREGUNTAS

1. Describa Vd. el lugar y el personaje central de la postal que el padre examina con la lupa.
2. ¿Qué tres preguntas hace Mario sobre la mujer de la postal? ¿Qué tienen que ver estas preguntas con las ideas básicas de la obra?
3. ¿Con qué personaje y con qué escena de la obra está relacionada la postal?
4. ¿Cuál es el «juego» de Vicente en la Editora?
5. ¿Por qué no quiere Mario trabajar con Vicente?
6. En cuanto a Beltrán ¿de qué le acusa Mario a Vicente?
7. Según Mario, ¿qué diferencias hay entre Vicente y Beltrán?
8. ¿En qué sentido representa Beltrán una esperanza? ¿Cómo se compara Beltrán con los dos hermanos?
9. ¿Qué pasó con la carta de París?
10. ¿Por qué no dejará Encarna la Editora?

TEMAS PARA CONVERSACIÓN O COMPOSICIÓN

1. ¿Por qué no se casa Encarna con Mario? ¿Cuál es el poder de Vicente sobre ella?

2. ¿Qué cualidades busca Vd. en un esposo (una esposa)?

3. Mencione unas razones por la esclavitud humana.

4. ¿Cree Vd. que la situación entre Vicente y Encarna es típicamente española o que es también corriente en otros países? ¿Qué soluciones recomendaría Vd. para tales abusos?

5. Cite Vd. algunos ejemplos del abuso del poder en los Estados Unidos.

6. ¿Por qué es tan corriente el abuso del poder?

EJERCICIOS

Forme Vd. los siguientes mandatos exhortativos de dos maneras, siguiendo el modelo:

MODELO: Let's see.   →   Vamos a ver, veamos.

Let's sit down.   →   Vamos a sentarnos, sentémonos.

1. Let's study.

2. Let's speak.

3. Let's leave.

4. Let's eat.

5. Let's get up.

6. Let's choose.

Dé Vd. los antónimos:

MODELO: pequeño → grande

1. nada

2. madre

3. llevar

4. ir

5. escuchar

6. ignorar
7. extraño
8. primero
9. perder
10. bajar
11. pobre
12. rechazar
13. oscuridad
14. riqueza
15. comprar
16. el diablo
17. sin
18. sentarse
19. ahora
20. después
21. hombre
22. recordar
23. mentira

Sección 3 (Páginas 107–112)

PALABRAS Y EXPRESIONES ÚTILES

grito shout
de golpe suddenly
golpear to hit
¡quieto! take it easy!
pasado past
estar harto de to be fed up with
doloroso painful
invadir to invade
oscuro dark
culpable guilty
compadecer to pity

tarea task
esconder to hide
herir to wound, hurt

PREGUNTAS

1. ¿Qué ha venido Encarna a decirle a Mario? ¿Cómo corrige Vicente lo que Encarna dice? Explique la corrección.
2. ¿Qué añade Vicente a esta explicación?
3. ¿Cree Vd. que Encarna es libre o que no tiene otra salida?
4. ¿Cómo piensa Vicente arreglar su responsabilidad con Encarna? ¿Qué revela acerca de Vicente este acto?
5. ¿De qué le acusa Mario a Vicente en cuanto al padre?
6. ¿A qué postal se refiere Mario?
7. ¿Qué aprendieron de niños los investigadores?
8. Según los investigadores, ¿cuál es la función del pasado?
9. ¿Cuál es la «tarea imposible» y la «locura» de los investigadores? ¿Qué tiene que ver esta «locura» con otros personajes en la obra? ¿con otros personajes literarios que Vd. conoce?
10. Dé Vd. la contestación de los investigadores a la pregunta: ¿Quién es ése? Explique el sentido de esta contestación.
11. ¿Qué «verdadera respuesta» están esperando los investigadores? ¿De dónde vendrá?

TEMAS PARA CONVERSACIÓN O COMPOSICIÓN

1. ¿Siente Vd. compasión por las víctimas de la injusticia social? ¿Qué víctimas ve Vd. en *El tragaluz*? ¿En la vida de hoy?

2. ¿Existe realmente la libertad en la vida? ¿Cuáles son sus limitaciones?

3. ¿Es preferible siempre saber la verdad, o hay a veces verdades demasiado dolorosas? Dé sus razones.

4. ¿Es útil pensar en el pasado, o debemos pensar solamente en el presente y el futuro?

5. ¿Ve Vd. en *El tragaluz* alguna referencia al poder divino ?

EJERCICIOS

En cada frase, cambie Vd. el primer verbo subrayado al pretérito o imperfecto, y luego haga el cambio necesario en el segundo verbo subrayado:

MODELO: Él quiere que me calle.

Él quería que me callara.

1. Es una pena que no vayas.
2. Me piden que haga el trabajo.
3. Siento que estén enfermos.
4. Se alegran de que hayamos comprendido.
5. Es imposible que me quede.

Siguiendo el modelo, forme Vd. los siguientes mandatos indirectos:

MODELOS: Have him come. → *Que venga.*

Have them write it to me. → *Que me lo escriban.*

1. Have him sit down.
2. Have them learn the causes of war.
3. Have her give it to him.

4. Have them open the doors early.

5. Have him speak to me.

Sección 4 (Páginas 112–118)

PALABRAS Y EXPRESIONES ÚTILES

por ahí fuera out there
tener ganas to feel like
escalera stairway
riña argument
dar una vuelta to take a walk
murmurar to gossip
disculpar to forgive
merecer to deserve
asomarse to look out
portarse to behave
despedir to fire (from one's job)
correo post office
disgustado upset
aclarar to clear up
testigo witness

PREGUNTAS

1. ¿Qué lleva días oyendo el padre?
2. ¿Quién está esperando en los peldaños?
3. ¿Sabe la madre la historia de Encarna y Vicente? ¿Cuál es su actitud?
4. ¿Qué sienten los dos hermanos por Encarna? ¿Quiere ella a uno de ellos, cree Vd.?
5. ¿Cómo reacciona Mario frente a la opinión de su madre?

6. Cuando el padre dice «haga entrar a la niña», ¿a qué niña se refiere él?

7. ¿Por qué confunde el padre a Elvirita con Encarna? ¿En qué se parecen?

8. ¿Qué valor tiene esta confusión en la obra?

9. ¿Qué confiesa Vicente, y cómo piensa remediar su falta?

TEMAS PARA CONVERSACIÓN O COMPOSICIÓN

1. ¿Ha sentido Vd. alguna vez mucha envidia por otra persona? ¿Se ha sentido Vd. envidiado?

2. ¿Le importa a Vd. mucho el pasado de una mujer o de un hombre?

3. Considere la situación de Encarna. ¿Qué debe hacer? ¿Qué haría Vd. en su caso?

4. ¿Es Vd. muy diferente de sus hermanos? Explique Vd. las diferencias.

EJERCICIOS

Siguiendo el modelo, escriba Vd. en español las frases siguientes de dos maneras:

MODELO: I have been hearing many voices for days.

> *Llevo días oyendo muchas voces.*
> *Hace días que oigo muchas voces.*

1. He has been studying Spanish for two years.
2. They have been talking for half an hour.
3. We have been living here for a long time.
4. Have you been waiting for me long?

Escriba en español las frases siguientes:

MODELO: Tell her to come in.

> *Dile que entre.*

1. I am telling them to come in.
2. Have you told them to come in?
3. I told them to come in.
4. Would you tell them to come in?
5. I used to tell them to come in.
6. I will tell them to come in.

Sección 5 (Páginas 118–127)

PALABRAS Y EXPRESIONES ÚTILES

juez judge
entregar to give
arrugar to crumple, wrinkle
trastorno breakdown, disturbance
lograr to manage, achieve
desequilibrio instability, unbalanced condition
sordo deaf
quebrar to break
saquito small bag
empujar to push
estorbar to bother, be in the way
botín booty
sensible sensitive
muy quedo very softly

PREGUNTAS

1. ¿Cuál es el «trabajo» del padre?
2. ¿A qué víctimas de Vicente se refiere Mario cuando dice que «todas están aquí»? ¿Quién es la víctima en efigie?
3. ¿Qué importancia tienen aquí las miradas de Mario, del padre y de las víctimas retratadas?

4. ¿Qué anuncia Encarna? ¿Es una sorpresa esta noticia?

5. ¿Cómo reaccionan el padre, Vicente, Mario y la madre?

6. ¿De qué ha venido a hablar Vicente?

7. ¿De qué modo se exime Vicente de toda culpa por el trastorno mental de su padre? ¿Cómo le contesta Mario?

8. ¿Qué añade ahora Vicente a la historia del tren?

9. ¿Por qué dice Vicente que no pudo bajar?

10. ¿Qué hizo el padre la noche que se marchó Vicente?

11. ¿Qué se llevaba Vicente en el tren, y con qué resultados?

12. ¿Por qué, según Mario, prefirió enloquecer el padre?

13. Dice Mario que la gente en el tren no sujetaba a Vicente. ¿Qué hacía la gente, según él?

14. ¿Cuál era la versión del incidente del tren que ha dado por buena la familia durante todos estos años?

15. ¿Quién era el niño sensible a quien se refiere Mario?

TEMAS PARA CONVERSACIÓN O COMPOSICIÓN

1. ¿El Vicente del primer acto habría reconocido a su hijo? ¿Ha cambiado Vicente o no realmente?

2. En su opinión, ¿cuál es la función de la mirada del padre que, según Vicente, está vacía?

3. ¿Qué explicaciones se dan de la alegría de la madre? ¿Cómo la interpreta Vd.?

4. ¿Qué dos puntos de vista representan Vicente y Mario?

5. ¿Hay más personas en el mundo como Vicente o como Mario?

EJERCICIOS

Dé Vd. sinónimos de las palabras siguientes:

MODELOS: la alcoba : el dormitorio

retener : sujetar

1. comenzar
2. quebrar
3. acordarse
4. regresar
5. dar una vuelta
6. ordenar
7. intentar
8. marcharse

Dé Vd. los sustantivos relacionados con estos infinitivos:

MODELO: jugar → el juguete, el juego

 1. amar
 2. salir
 3. interesar
 4. amparar
 5. mirar
 6. causar
 7. preguntar
 8. culpar
 9. seleccionar
10. herir
11. entrar

Sección 6 (Páginas 127–130)

PALABRAS Y EXPRESIONES ÚTILES

bomba bomb
enterarse de to find out about
mundo canalla dirty world
castigar to punish
repentino sudden

tenga take this
fragor roar
puñalada stab
paulatinamente gradually
vigilar to watch over
porvenir future
afrontar to face
fracasar to fail

PREGUNTAS

1. ¿Qué confiesa Vicente a su padre?
2. Cuando Vicente se enteró de la muerte de Elvirita, ¿qué pensó?
3. ¿Qué saca del bolsillo Vicente? ¿Qué representa?
4. ¿Cree Vicente que Dios existe? ¿Quiere que exista?
5. ¿Cómo le habla Vicente a su padre?
6. ¿Por qué confiesa Vicente?
7. ¿Qué indica el creciente ruido del tren?
8. ¿Qué imagina Vd. que dice Vicente cuando el ruido del tren impide que se oiga su voz?
9. ¿Qué hace el padre y por qué? ¿Actúa en un momento de locura o de lucidez?
10. ¿Cómo describe Ella nuestro mundo?
11. ¿Cómo es la época de los investigadores? ¿Por qué?

TEMAS PARA CONVERSACIÓN O COMPOSICIÓN

1. En tiempos de guerra, ¿qué valor tiene la vida de un individuo?
2. ¿Cree Vd. que son evitables o inevitables las canalladas del mundo? Explique.

3. ¿Por qué es tan difícil la confesión de culpa?

4. ¿Existe una justificación por el acto violento del padre?

5. ¿Cree Vd. que hay vida en otro planeta? De ser así, ¿cómo imagina Vd. a esos seres?

6. ¿Ha pensado Vd. alguna vez en la posibilidad de que nos estén observando desde otros planetas? ¿Le da miedo esta idea?

7. ¿Cuál es el experimento de *El tragaluz*?

8. ¿Ha tenido éxito para Vd. el experimento? Explique.

EJERCICIO

Si hace falta una preposición, escríbala en el espacio en blanco:

MODELO: Empezó _a_ sonreír cuando vio _a_ María.

1. Hemos tardado _____ comprenderlo.

2. ¿Quieres _____ venir conmigo?

3. ¿_____ quién te refieres?

4. Vamos _____ subir.

5. La niña murió _____ mi culpa.

6. ¿Has comprado _____ mi libro?

7. Volveré _____ leer esta sección por la tarde.

8. Suelo _____ cenar _____ las ocho.

9. Vi _____ tu novio anoche _____ la fiesta.

10. Encarna piensa _____ su porvenir.

11. Acaban _____ terminar el trabajo.

12. Se olvidaron _____ hacerlo.

13. Me alegro _____ recibir las noticias.

14. Ese señor sueña _____ hacer mucho dinero.

15. Siempre trata _____ hacer su mejor trabajo.

16. ¿Te acuerdas _____ Emilia?

17. Esta carta es _____ Elena.

18. ¿_____ dónde van Vds.?

19. ¿_____ qué hora sales _____ clase?

Sección 7 (Páginas 132–135)

PALABRAS Y EXPRESIONES ÚTILES

restar to remain
suceder to happen
dedo finger
precipicio edge of the cliff
incitar to instigate
engañar to deceive
de luto in mourning
por piedad out of pity
apiadarse de to take pity on
sordamente softly
apagarse to dim

PREGUNTAS

1. ¿Cuándo sucede esta última escena?

2. ¿Cómo está el padre, y qué hace ahora?

3. ¿Qué confesión hace Mario sobre Vicente?

4. ¿Qué tiene que ver el sueño de Mario con lo que pasó con Vicente?

5. ¿El sueño de Mario fue una casualidad o un presentimiento percibido por una mente lúcida? Dé sus razones.

6. ¿Cómo figura Encarna en el triángulo con Vicente y Mario?

7. ¿Cree Vd. que Encarna y Mario se quieren?

8. ¿Qué ve y oye la madre por el tragaluz? ¿Qué ve el espectador?
9. ¿A quiénes se refiere Mario al decir: «Quizá ellos algún día . . .»?

TEMAS PARA CONVERSACIÓN O COMPOSICIÓN

1. En su opinión, ¿es culpable o inocente Mario de la muerte de su hermano?
2. ¿Cómo imagina Vd. el futuro de Mario y Encarna? ¿Ha conocido un caso parecido?
3. ¿Le ha gustado esta última escena, o le habría gustado la obra más sin ella? Dé sus razones.
4. ¿Qué ideas despierta en Vd. *El tragaluz*?
5. ¿Le interesaría leer otras obras de Antonio Buero Vallejo? ¿Puede nombrar otras obras suyas?
6. ¿Qué sabe Vd. de la vida de Buero Vallejo?
7. ¿Qué relaciones ve Vd. entre *El tragaluz* y la vida de Buero Vallejo?
8. ¿Sabe Vd. realmente quién es Vd.?
9. ¿Cree Vd. que algún día se resolverá el misterio de la personalidad?

EJERCICIOS

Dé Vd. el participio pasivo de cada infinitivo:

MODELO: tener → tenido

1. volver
2. decir
3. saber
4. explicar

5. hacer

6. escribir

7. convencer

8. morir

9. abrir

10. enloquecer

11. prohibir

12. juzgar

13. romper

14. fingir

15. soñar

16. empujar

Llene Vd. los espacios en blanco con la forma apropiada del participio pasivo, que a veces funciona como verbo y a veces como adjetivo:

MODELOS: (soñar) ¿Has soñado alguna vez con el futuro?

(servir) La merienda fue servida por la madre.

(cansar) Los niños están cansados.

1. (prohibir) Partes de esta obra fueron _____ por la censura.

2. (convencer) Estoy _____ de que tienes razón.

3. (hacer) ¿Qué han _____ los niños esta tarde?

4. (echar) Encarna fue _____ de la Editora.

5. (extinguir) Las luces fueron _____.

6. (abrir) ¿Están _____ las tiendas hoy?

7. (comenzar) La escena ha _____ a iluminarse.

8. (aburrir) La prostituta parece _____.

9. (gustar) ¿Te ha _____ la obra?

10. (sentar) La madre está _____ en el sillón.

11. (morir) Uno de los personajes está _____.

12. (enloquecer) Otro parece estar _____.

TEMAS PARA ESTUDIANTES DE LITERATURA

1. El papel de los investigadores.
2. Las relaciones entre el padre y la madre; Mario y Vicente; Vicente, Encarna y Mario.
3. La importancia de los tres personajes que no aparecen: Elvirita, Eugenio Beltrán y el niño de Encarna.
4. Las implicaciones de las distintas visiones y actitudes de Vicente, Mario y el padre frente al tragaluz.
5. El abelismo y el cainismo en la obra.
6. La importancia y el valor simbólico de la luz, las sombras, las rejas, el «pozo», las tijeras, el ojo implacable.
7. La «pregunta» y su importancia en la obra. La relación entre la «pregunta» y *The Golden Rule*.
8. La búsqueda de la verdad.
9. La importancia de las miradas.
10. El acto del padre y sus implicaciones.
11. La locura y la lucidez en la obra.
12. El subtítulo. ¿En qué sentido es un «experimento» esta obra?
13. La inocencia y la culpa.
14. Los valores humanos frente a los valores materialistas.
15. Las elecciones voluntarias e involuntarias.
16. La soledad.
17. La esperanza.
18. Las alusiones a la guerra civil española.
19. Los valores plásticos (visuales) en la obra.
20. El tren real y simbólico en la vida de Mario y Vicente.
21. Mario como el culpable de la muerte de Vicente.

22. Los hechos activos y pasivos de Mario y Vicente.

23. La idea del tiempo en *El tragaluz*.

24. *El tragaluz* como ejemplo del teatro dentro del teatro.

25. *El tragaluz* y la ciencia ficción.

26. *El tragaluz* como obra social.

27. El efecto de *El tragaluz* en el público español. ¿Qué controversias podría despertar?

28. *El tragaluz* en el contexto del teatro español contemporáneo.

29. *El tragaluz* como estudio de la condición humana.

30. *El tragaluz* como tragedia (a considerar: el héroe trágico, la hamartia, la peripecia, la agnición, la catástrofe, la catarsis, etc.)

VOCABULARIO

VOCABULARIO

The vocabulary includes all words in the text and exercises with the following exceptions: exact or easily recognizable cognates, definite and indefinite articles, common prepositions and pronouns, simple possessive adjectives and pronouns, some numerals, regular past participles of verbs (unless used as adjectives), common irregular past participles, and adverbs ending in **-mente** when the corresponding adjective is given.

Some irregular verb forms not easily recognized are listed separately and radical-changing verbs are identified in the usual manner: (**ie**), (**ue**), etc.

Gender indications are omitted for masculine nouns ending in **-o** and feminine nouns ending in **-a**, **-ión**, **-dad**, and **-tud**.

Abbreviations: *adj.* adjective, *adv.* adverb, *aux.* auxiliary, *conj.* conjunction, *f.* feminine, *imp.* impersonal, *inf.* infinitive, *interj.* interjection, *m.* masculine, *n.* noun, *pl.* plural, *p.p.* past participle, *pro.* pronoun, *v.* verb.

abandonado abandoned
abandonar to give up; to put down; to abandon
abarcar to include
abismo abyss
abnegadamente unselfishly
abogado lawyer
aborto abortion
abrazado embraced; __s hugging each other
abrazar to hug, embrace
abrazo embrace
abrir to open
absoluto absolute
absorberse to become absorbed

absorto absorbed in thought
abstraerse to become distracted, become absorbed, daydream
abstraído absorbed, distracted
absurdo absurd
abuelo grandfather
aburrido bored, weary
acá here
acabar to finish, be over; __ **de** + *inf.* to have just + *v.*
acariciar to caress, stroke
acarrear to carry along, transport
acaso perhaps
acceder to agree, consent

acción action
acento tone
aceptar to accept
acercar to bring near; __se a to approach, go over to; to come to the front of
acertar (ie) to guess right, be right
aclarar to clear up
acompañar to accompany
acordarse (ue) de to remember, recall; **ni me acordaba** I didn't even remember
acorralado cornered
acostarse (ue) to go to bed
acostumbrar to get used to, be in the habit of
actitud attitude
activo man of action
acto act; **en el __** immediately
actual present-day
actuar to act; to move, do something
acuerdo: estar de __ to agree
acusación accusation; **es toda una __** that's really an accusation
acusador accusing(ly)
acusar to accuse
adelantarse to come forward, come in
adelante ahead; come in; **más __** later on
ademán m. gesture
además besides, in addition
adiós good-bye
adivinanza guessing; **el juego de las __s** the guessing game
adivino fortune-teller
admitir to admit, allow
adobado wrapped in
adorar to adore
adornar to adorn

advertir (ie, i) to notice, be noticeable; to warn, tell
afecto affection; **con __** affectionately
aferrar to seize, grab hold of
afirmación statement, words
afirmar to affirm, say
aflojar to slacken, hold back
afortunado fortunate
afrontar to face
afuera outside
agachar to bend down, crouch
ágil agile
agnición recognition; from ignorance to knowledge (in dramatic action)
agotado exhausted
agradable pleasant
agradar to please
agradecer to be grateful; to appreciate
agradecido grateful(ly)
agregado added; gathered
agua water
aguardar to wait; to stay
agujero hole; spot (job)
ahí there; **__fuera** out there
ahogado drowned out, stifled
ahogar to stifle, smother
ahora now; **__mismo** right now, right away
ahorrar to save, economize
airado angry
aire m. air; look, appearance
alambrada barbed wire
alarido howl, scream
albañil m. mason, bricklayer
alcoba bedroom
alegrar to gladden; **__se de** to be happy, be glad about
alegría happiness, joy
alejarse to go away, walk away,

move away; to fade in the distance

alentar (**ie**) to breathe; to encourage

algo something, anything

alguien someone, somebody

alguno (**algún**) some, any, one; __s a few

alienado madman

alimaña beast, animal

alrededor around; **a mi** __ around me

alterar to change

alternar to alternate; to be mixed up with

alto tall, high; loud; clear; **de** __ high, in height

altruista altruistic

altura height

alucinado hallucinated

aludir to allude

alusión reference, allusion

alzar to raise

allá there, over there; __él that's up to him; __tú OK, have it your own way

allí there

amable friendly, nice; **muy** __ so nice of you, very kind of you

amante *m. or f.* lover

amargo bitter(ly)

ambición ambition

ambiente *m.* environment

ambos both

amigo friend

amor *m.* love

amortiguar to dim, fade out; to die down

amparar to protect, assist

amparo refuge

ampliado amplified

amplio large; broad

analizar to analyze

anciano old man; *adj.* old

andamio scaffolding

andante: caballero __ knight errant

andar to walk, wander; to be; ¡**anda**! go on!, come on!

andar *m.* walk, gait

andén *m.* platform

ángulo angle

angustia anguish

angustiado anguished, full of anguish

anhelar to long for

anillo ring

ánimo spirit; courage

animoso spirited, lively

anís *m.* anis (alcoholic beverage)

anodino innocuous(ly), trite; toneless; without feeling

ansiedad anxiety; **con** __ anxiously

ansioso anxious(ly)

ante in front of

antepasado ancestor

anterior *m. or f.* the former (one)

anterioridad: con __ previously

antes before; first; __ **de que** before

antiguo old, ancient, former

antónimo antonym

antropoide *m.* anthropoid (apes or gorillas)

anular to wipe out, crush

anuncio commercial announcement; advertisement

añadir to add

añicos fragments; **hecho** __ torn to shreds

año year; __s age

apagar to turn off, put out; __**se** to dim, fade away; **apagadas**

las luces when the lights are out

aparador *m.* sideboard, china cabinet

aparato apparatus; television set or screen

aparecer to appear

aparentar to give the appearance, appear to be

aparente apparent

aparición apparition, shadow

apartar to push away, pull away, walk away, turn away; to set aside; to step aside; **aparta** get away; **__se de** to leave, move away; **__la vista** to look away

apenas hardly

apiadarse to take pity on

aportar to provide, contribute

aposento room

apoyado learning

apoyar to lean; to support, back

apreciar to appreciate, value

aprender to learn

aprendiz *m.* apprentice

aprestarse to get ready

apresurarse to hurry

apretado pressed together

aprisa quickly

aprobar (ue) to pass

aprovechar to take advantage

aproximar to bring close

apuesto good looking, elegant

apurar to drain, use up

aquel that; **aquellos** those

aquél that one

aquello that

aquí here; **por __** around here **desde __** from here; **__ mismo** right here

aquiescencia agreement, consent

árbol *m.* tree

archivador *m.* file cabinet

archivar to file

archivo files, filing cabinet

ardor *m.* eagerness, speed; **con __** swiftly, eagerly

armario wardrobe, closet

arrancado cut out, torn out

arrancar to start; to tear out

arrasado: con los ojos __s with her eyes filled with tears

arrastrar to drag; to shuffle (feet)

arrebatar to snatch

arreglar to settle

arrepentirse (ie, i) to repent; to change one's mind

arriba up; upstairs

arrojar to throw, cast

arrugado crumpled

arrugar to crumple, crease

arte *m.* art

artículo article

artificialmente artificially

artista *m. or f.* artist; performer

asalariado wage earner

asegurar to assure; to assert, say

asentir (ie, i) to nod (in agreement), agree

asesino assassin, murderer

asestado struck

así thus; that way; like that, like this; **__ como** just as; **__ que** so

asimismo also, likewise

asomarse to come out, look out

asombro amazement

aspecto appearance

áspero harsh

¡asqueroso! you're awful!

astro star

asunto matter; business

asustado frightened
atado tied
atención attention
atender (ie) to listen, pay attention
atento attentive(ly)
aterido stiff with cold
atisbar to watch; to catch a glimpse of; to peer through
atmósfera atmosphere
atónito astonished
atormentado tortured
atrapar to grab
atrás back; **días __** days before
atreverse a to dare to, have the courage to
atribuir to attribute
atropellar to trample
atroz (*pl.* **atroces**) terrible; horrible
aumento increase, raise
aún still, yet
aun even
aunque although, even though, even if
auténtico authentic; **lo más __** what is most authentic
autobús *m.* bus
autodefensa self-defense
autoridad the authorities
avance *m.* advance
avanzado advanced
avanzar to walk ahead, come forward
aventurar to hazard
avergonzado ashamed
averiguar to find out
aviado: estar __ to be in a mess; to be out of your head
avisar to notify
ayer yesterday

ayudante *m. or f.* assistant
ayudar to help
azul blue

baboso silly fool; ¡**quita __**! stop it you silly fool!
bajar to lower; to get off; to come down
bajezas dirty business, mean acts
bajo low, lowered; short; under; **muy bajito** very softly
bandeja tray
barato cheap
barbillear to touch one's chin affectionately
barrer to sweep
barrera dividing line, barrier
barrio neighborhood
barrote *m.* bar
bastante enough; rather
bastar to be enough
bastón *m.* cane, stick
bata bathrobe
batir to beat, strike
bautizo baptism
beber to drink, take a drink
bebida drink, beverage
Belgrado Belgrade
bello beautiful
beneficio benefit
besamel *f.* bechamel sauce; **a la __** with bechamel sauce
besar to kiss
beso kiss
bien well, right; **__ venido** welcome; **está __** all right; **muy __** very good, very nice; *n.* good
billete *m.* bill (money)
blanco white; blank
bloque *m.* raised platform; block

bobada(s) foolishness, nonsense
bobo stupid; silly
boca mouth
bocado bite; mouthful
bolígrafo ballpoint pen
bolsillito small purse
bolsillo pocket
bolso purse, pocketbook
bomba bomb
bondad kindness
bonito pretty; ¡**bonita**! pretty lady!
borde *m.* edge, point
borroso blurred, hazy
bosque *m.* forest
bote *m.* can
botín *m.* booty
brazo arm
breve short, brief
bribón traitor, scoundrel
brindar to offer, treat to
broma joke; **de** __ joking
bromear to be joking, tease
broza rubbish
bruscamente with a jerk; suddenly
Bruselas Brussels
brusquedad rudeness; **con** __ roughly
bruto awful person
bueno good, nice; all right, well; **buenísimo** very good
burlón joking, scoffing, mocking(ly)
buscar to search, look for
búsqueda search

caballero gentleman; sir; __ **andante** knight errant
cabello(s) hair

caber to fit; to be possible
cabeza head
cabo *See* **fin**
cada each, every
cadáver *m.* corpse
caer to fall; __**se** to fall down
café *m.* coffee; café
cafetín *m.* neighborhood café
caja cashier's office
cajetilla pack of cigarettes
cajón *m.* drawer
calculador *m.* calculator, computer
calcular to calculate, figure out
calentar (ie) to heat
calma calm; **con** __ calmly
calmoso calmly
callar to be quiet, shut up; to keep quiet, hush
calle *f.* street
callejero *adj.* street
camarero waiter
cambiar to change
cambio change; **en** __ on the other hand
camilla round table with a floor-length cloth
caminar to walk
camino road, way; **seguir su** __ to continue on their way
camión *m.* truck
campaña campaign
campesina country girl
campo field; __**s radiantes** fields of radiation
¡canalla! you bastard!; **en un mundo** __ in a dirty world
canallada dirty deal
canción song
cansado weary, tired, exhausted

cansancio fatigue; **con enorme __** terribly tired
cantar to sing
canturrear to hum
caña small glass (of beer)
cañita little walking stick
capaz capable
captar to capture
cara face; expression
¡caramba! my goodness!, good grief!, gee!
carcajada burst of laughter; **reír a __s** to roar with laughter
carecer (de) to lack
cargar to burden; **__ con** to assume responsibility for
carne *f.* meat
carpeta file, folder
carro carriage (of a typewriter)
carta letter
cartel *m.* poster; **__ de propaganda editorial** publisher's advertising poster
cartera briefcase
cartón *m.* cardboard
casa house, apartment; company; **a mi __** home; **en __** at home; **en tu __** right at home; **irse de __** to leave home
casarse to get married
casi almost
caso case; **sin hacerle __** without paying attention to him
castigado punished
casual by chance
casualidad coincidence
casualmente by sheer coincidence
catacumba catacomb
catástrofe *f.* disaster

causa cause
causar to cause
caviloso thoughtful(ly), suspicious(ly)
ceder to give in
cejas eyebrows; **fruncir las __** to frown
celebrar to celebrate
célula cell
cenar to have supper
cenicero ashtray
ceño: con el __ fruncido frowning
ceñudo frowning
cerca near; nearby
cerciorarse to make sure
cerebro brain
cerrar (ie) to close, shut
cerveza beer
cestillo basket; **__ de pan** breadbasket
cesto wastebasket
cien(to) one hundred; **cientos de miles** hundreds of thousands
cierto sure, positive, true; that's right; of course; a certain
cigarrillo cigarette
cine *m.* movie
cínico cynical
cintura waist
circulación traffic
cita date
citar to make a date with; to cite
ciudad city
civilización civilization
claridad light; clarity
claro clear(ly); **¡claro!** of course!
clase *f.* kind
clavado nailed, pierced, pinned
cliente *m.* client
coartada alibi

cobrar to collect
cocina kitchen
coche *m.* car
cochecito baby carriage
coger to pick up; to take hold of, to take
colaboración contribution (to a journal)
colección collection
colectivo collective
cólera rage
colérico in a rage, angry
colgado hanging
colgar (ue) to hang up
colocar to place; to find a job; __se to get a job
columna column
comentar to comment upon, talk about; to speak
comenzar (ie) to begin
comer to eat; __se to eat up
cometer to commit
cómico humorous
comida food, meal
como as, like, ¿cómo? what?, what do you mean?, what's that?
cómoda chest of drawers
compadecer to feel sorry for, pity
compañero (-a) companion
compañía company
complaciente with pleasure; agreeable, indulgent
completo complete, full; no se ve __ is not seen completely
componenda shady deal
componer to fit together
comportamiento behavior
comprar to buy
comprender to understand; comprendido I understand
comprobar (ue) to prove
computador *m.* computer

conceder to admit; to give
concentrar to concentrate
conciencia conscience
concreto concrete; en __ more exactly
concurrido crowded
condenado condemned
condición quality, nature
conducir to lead, lead out
confesar (ie) to confess
confiar to entrust, have confidence
confidente *m. or f.* close friend, confidant
conformarse (con) to resign oneself (to), be satisfied (with)
conforme all right, OK; __ a consistent with, in accordance with
confundir to confuse
confusión confusion; mistake
confuso confused
conminar to threaten; to tell roughly
conmovido emotionally moved
conocer to get to know, meet; to know
conque and so, so then
conseguir (i) to manage, achieve
consejero member of the Board, adviser
Consejo Council, Board
consentir (ie, i) to let, allow
conservar to keep, have
considerar to consider, think over
consigo with himself, herself, yourself, etc.; __ misma with herself
consiguiente: por __ consequently
consolar (ue) to console
constante constant
consultar to consult, check

consumir to waste away; to consume

consumo: de __ consumer

contar (ue) to count; to tell, tell a story; **__ unos veinticinco años** to be about 25 years old; **cuéntame** tell me about yourself

contemplación contemplation; **en su __** in looking at it

contemplar to look at, examine; to contemplate

contener to hold back

contenido contained; *n.* contents

contento happy; **contentísima** very happy

contestación answer

contestar to answer

contigo with you

continuación continuation; **a __** below, immediately following

continuar to continue, stay on (the job)

contonearse to sway one's hips

contoneo swaying of the hips

contra against; **en __** opposed

contrariado annoyed

contrariedad annoyance

contrario contrary; **al __** on the contrary; **en dirección contraria** in the opposite direction; **por el __** on the contrary

contraste *m.* contrast

contratar to contract for

contrato contract

convencer to convince

convenir to be desirable, be a good thing

convertido converted, changed

convulso convulsive(ly)

copia copy

copiar to copy

copita little glass

corazón *m.* heart; **de __** sincerely

corrección correction

corregido corrected

corregir (i) to correct

correr to run

corresponder to concern; to correspond; **__ a nosotros dos** to concern both of us

corriente ordinary

cortar to cut

corto short, brief

cosa matter, thing; **es __ de un momento** it will take just a moment; **es poca __** it's nothing special; **no es gran __** it's nothing special; **__s** reality, things; **gran __** very much; **tan poca __** not very much; **otra __** something else

coser to sew

costa cost; **a toda __** at any price

costumbre *f.* custom

crear to create

crecer to grow; to increase; to grow up

creer to believe, think so

creyente *m. or f.* believer; *adj.* believing, religious

crimen *m.* crime

cristal *m.* window pane

cruzar to cross, pass by

cuadro painting, picture, scene (of play)

cual which, who; **cada __** each one; **¿cuál?** which?, which one?

cualidad quality; good points

cualquier(a) any, anyone; **uno __a** just anyone; **__ otro** anyone else

cuán how

cuando when; **¿cuándo?** when?

cuanto all that, all the, all, as

much as; __ **más...más** the
more...the more; **a __s** to all
who; **en __ a** as for, in regard
to; **¿cuánto?** how much?,
what?; **¿cuántos?** how many?

cuarenta forty

cuarto room; fourth; __ **de estar**
living-dining area; __**s** money,
dough

cubrir to cover

cuchara spoon

cuello neck; **al __** around your
neck

cuenta bill, account; **darse __**
to notice, to realize; **por __**
propia on our own; **por su __**
on his own

cuerda rope

cuerpo body

cuestión problem, question

cuidado care; be careful; **¡ten**
__**!** be careful!

cuidar to take care of; **cuidad de**
Elvirita take care of Elvirita

culpa fault, guilt, blame; **por mi**
__ because of me; **por tu __**
because of you

culpable *m. or f.* culprit, guilty
person; *adj.* guilty, to be
blamed

cumplido politely

cura *m.* priest

curiosidad curiosity; **con __**
curiously

curioso strange, funny; **un __** a
busybody

cuyo whose

chabola slum shack

chaca-chaca chug-chug (of a
train)

chaqueta jacket

charla chatter, talking, chattering

chica girl

chico boy

chincheta thumbtack

chiquillo little boy

¡chist! *interj.* sh! hush!

daño harm; **hacerse __** to hurt
oneself

dar to give; __ **la mano** to shake
hands; __ **las gracias** to thank

de of, from, in, at; about, con-
cerning; with, by, for; to, as

deambular to stroll

deber ought to; must, should; *n.*
duty

débil weak(ly)

decepción disappointment, uneasiness

decepcionado disappointed

decidir to decide; __**se** to make
up one's mind

decir to say, tell; to talk about;
¡di! tell me!; **diga** hello; **dile**
tell her; **tú dirás** you say, you
tell me, go on

decorado stage set, scenery

decrecer to grow dim

dedicar to devote; to give; __**se**
to make a specialty

dedo finger

deducir to deduce

defenderse (ie) to take care of
oneself; to defend oneself

definir to define

definitivo positive, definite; **en**
definitiva in short

degradación lowering, diminu-
tion

dejar to leave; to put down; to

permit, to let; __ de + *inf.* to
stop + *v.*
delante out in front, before; **aquí**
__ out front
deleznable fragile, unstable
delicado delicate; **es** __ it is
awkward, it is a delicate matter
delirante insane
demás the rest; **los** __ the others
demasiado too much
demente *m. or f.* demented person, madman
demonio devil
demostrar (ue) to prove, show
demudar to change
denegar (ie) to refuse, say no;
to shake one's head
denotar to indicate
dentro within, inside; __ **de**
within
depositar to put down; to place
depurar to purge
derecha right side; **a la** __ on
the right side
derecho right; __s **de traducción**
translation rights
desalentado discouraged
desaliño neglect; **con** __ carelessly
desaparecer to disappear
desaparecido obsolete; vanished
desarrollarse to be developing,
be taking shape
desarrollo development, progress
desasirse to break loose
descansar to lie, rest
descargar to strike, let loose
descolgar (ue) to pick up the receiver
descompuesto exasperated; losing
composure

desconcertado confused; upset
desconcertante disconcerting
desconchado peeling
desconfiar to distrust
desconocido stranger; *adj.* unknown
describir to describe
descrito described
descubierto discovered, un-
covered
descubrir to discover; to reveal
descuidarse to become careless
descuido carelessness, oversight
desde from, since; __ **que** since
desdén *m.* disdain; **con** __ dis-
dainfully
desdeñoso disdainful(ly)
desempeñar to perform
desengaño disappointment
desenlazarse to unfold, come to
an end
deseo desire
desequilibrio unbalanced condition
desesperanza despair
desgraciado unfortunate, un-
happy
deshacer to come out of; to undo
deshumanizar to dehumanize
desmentir (ie) to contradict
desolado desolate, disconsolate
despacio slowly
despacho office
despatarrado dumbfounded
despectivo scornful, contemp-
tuous
despedir (i) to fire; __se to say
good-bye
despeñar to hurl over a cliff
despertar (ie) to wake up
desplomarse to collapse

desprecio scorn
desprenderse to pull away
después after, afterward, later; __ **de** after
desquiciarse to go nuts
destacarse to stand out; to be pointed out
destrozar to destroy
desvelado awake
desventaja disadvantage
desviar to turn away; __ **la vista** to look away
detector m. detector, detection device
detener (ie) to stop; __**se** to stop, pause
detenidamente carefully
detergente detergent
detrás (de) behind, back of
devolver (ue) to return, give back
devorar to devour
di See **decir**
día m. day; **otro** __ next time; **todo el** __ all day; **todos los** __**s** every day
diablo devil
diálogo dialogue
dibujar to indicate, show; __**se** to be thrown (shadows), be reflected
dictadorzuelo petty little dictator
dicho p.p. of **decir**
diecinueve nineteen, nineteenth
diferencia difference
difícil difficult
dificultad difficulty
diga See **decir**
dinero money; **buenos** __**s** plenty of money
Dios God; ¡__ **mío!** oh, my God! my goodness!
dirás See **decir**
dirección direction

dirigir to direct; __**se a** to write to; to turn to; to go toward
disculpa excuse me; n. excuse
disculpar to excuse, pardon; to forgive
discutir to argue; to contradict; to talk about, discuss
disgustado annoyed, upset
disimulado concealed
disminuir to diminish
disparate m. nonsense; **un** __ a lot of nonsense
disponer to order, decree; to arrange, prepare; __**se a** to get ready to; to begin to
distante distant
distinguir to distinguish, make out
distinto different
diurno day; **con luz diurna** daylight; **una viva luz diurna** broad daylight
diversión amusement
diverso different, diverse
divertido amusing, fun
divisar to notice; to be able to see
dócil quietly
doler (ue) to hurt
dolor m. sorrow, grief
doloroso painful
dominar to dominate, control
donde where; **¿dónde?** where?
dormido asleep; **medio** __ half asleep
dormir (ue) to sleep
dormitorio bedroom
dos two; **entre los** __ between the two of us
duda doubt; **sin** __ without a doubt
dudoso doubtful
dulce sweet; softly

dulzura tenderness; **con __** tenderly

durante for; during

dureza harshness

duro hard; harshly

e and

¡ea! *interj.* oh, well!; there now!

económico economic

echar to throw out, get rid of, fire; to put in

edad age; **con menos __** when they are younger

editar to publish

Editora publishing house

efectivamente in fact, really

efecto effect

efigie *f.* effigy

ejemplar exemplary

ejemplo example; **por __** for example

elástico languid

electrón *m.* electron

electrónico electronic

elegido elected

elegir (i) to choose

elevar to raise

elogiar to praise

el que which

ello it; **por __** for that reason

embarazada pregnant

embargo; sin __ nevertheless

embustero liar

emoción emotion

empellón *m.* shove

empeñarse (en) to insist (on); to try to

empeorar to get worse

empezar (ie) to begin

empleado employed; *n.* employee

emplear to use

emprender to undertake

empujar to push, push out

empuñar to grip, clutch

en in, on, at

enardecer(se) to get excited, become enraged

encaminarse to walk toward

encanallarse to become mean; to become corrupt

encantado delighted; gladly

encantar to delight, like very much

encanto charm

encarar to face

encargar to be assigned; to put in charge; to request

encender (ie) to light up

encerrarse (ie) to shut oneself up

encima on top of (it), on top of that

encogerse to shrink; **__ de hombros** to shrug one's shoulders

encontrar (ue) to find; **__se** to be found; to be; **__se con** to meet, come across

encuentro meeting

enemigo enemy

energía energy, intensity; **con __** energetically, strongly

enérgico energetic; emphatic

enfadado angry

enfadarse to get angry

enfermar to get ill

enfermedad illness

enfermo sick, ailing; *n.* sick man

enfrentarse to face

enfundar to put a cover on (typewriter)

engañar to deceive, delude

engaño deceit, deception

enhorabuena congratulations; good for you

enigmático enigmatic

enloquecer to go mad

enorme enormous; terrible

enriquecerse to get rich

enrojecido reddened

ensaimada sweet roll; coffee cake

enseñanza lesson

enseñar to teach; to show

entender (ie) to understand

enterarse de to find out about

entero whole, entire

entonces then, at that time; ¿entonces? well, then? como __ as it used to be

entrada entrance

entrante entering

entrar to enter; __ en to enter; to take part in

entre between; among, amidst

entregar to hand over, give

envenenar to poison

enviar to send

envidia envy

época period, epoch, age

equis x (letter)

equivocarse to be mistaken, make an error, be wrong

erguir to straighten up, stiffen

error m. mistake

esbozar to indicate, show

escalar to climb through

escalera stairway

escalerilla little stairway

escaso few, scant

escena stage; scene

escenario stage

escénico staging; espacio __ stage area

escéptico sceptical

esclerosis f. sclerosis

esconder to hide

escondido hidden, concealed

escribir to write; máquina de __ typewriter

escritor m. writer

escritura contract

escuchar to listen; __se to be heard

ese s (letter)

ése that one

esfuerzo effort; ríe con __ with forced laughter

eso that; that's right, that's it; eso, eso that's it, that's it; para __ for that reason; por__ that's why

espacial spatial

espacializar to project

espacio space; __ escénico stage area

espalda(s) back; shoulder(s); a la __ behind his back; a tus __s behind your back; de __s with their backs turned; en la __ behind his back; le da la__ he turns his back on him

espantado frightened

espantoso frightful

especie f. kind

espectador m. spectador; __es audience

espectro ghostly shape

espera waiting, wait

esperanza hope

esperar to wait, wait for; to hope; to expect

espiar to spy, look out; to watch carefully

espléndido splendid, excellent

espontáneo spontaneous

esposo spouse, husband

esquina street corner

esquinera streetwalker

estabilizarse to become stable

estación station

estado condition, state
estallar to burst
estancia room
estar to be; **está bien** that's fine
este, esta this; **estos, estas** these;
   éste, ésta this, this one
estilo style
estorbar to be in the way, disturb
estrecho narrow
estrenar to perform for the first
   time
estribo footboard (of train)
estructura structure
estudiar to study, consider
estupefacto dumbfounded,
   stunned
estupendo wonderful; **está estupenda** looks gorgeous
estupidez *f.* stupidity; mistake;
   una __ mayúscula an awful
   mistake
etapa period (of time); stage
eufórico euphoric
evidente obvious
evitar to avoid
exaltado excited
exaltar(se) to get excited
examinar to examine
excederse to go too far
exhibir to show, exhibit
exhortativo hortatory
exigir to demand
eximir to exonerate
existir to exist
éxito: tener __ to be successful
expansivo sociable, outgoing
experiencia experiment; experience
explicable explainable
explicación explanation
explicar to explain

explícito explicit
explorar to explore
explosión explosion
expresar to express
expresión (facial) expression
extender (**ie**) to extend, stretch
   out
exterior outside
extinguido extinguished
extinguir to be extinguished; to
   fade away
extraer to pull out
extrañar to surprise, be surprised;
   to seem strange
extrañeza peculiarity; strange
   behavior
extraño strange, curious, odd; *n.*
   stranger
extraviado distant, glazed

fácil easy
factor *m.* factor, element
faena job, work
faja border
falda skirt
falta need; **no hace __** there is
   no need
faltar to be missing
fallar to fail
falleba pulley
familia family
familiar in a familiar way
famoso famous, celebrated
fantasma *m. or f.* phantom, ghost
farmacia pharmacy
fastidio annoyance
fatal awful, terrible
fatalidad terrible accident, awful
   misfortune
favor *m.* favor; **por __** please;
   hazme el __ please

favorito favorite, pet
fe *f.* faith; **de buena __** in good faith; **de mala __** in bad faith, distrust; **la mala __** bad faith
febril feverishly
felicidad happiness
feligrés, (-a) parishioner
feliz happy; happily
femenino feminine
fenómeno phenomenon
ferrocarril *m.* railroad
fiar to trust; **no es de __** is not to be trusted
ficha token, slug
fiel faithful
figura figure, person
figuración hallucination
figurar to figure; **figúrate** just imagine
fijamente closely; **mirar __** to stare
fijar to notice
filósoto philosopher
fin *m.* end; **al __** finally; **al __ y al cabo** after all; **por __** finally
final *m.* end
finalmente finally
financiar to support financially
fingir to pretend
firmar to sign
firme firm, sure
físico physical
fisonomía face; features
flaco skinny
flaqueza weakness
fobia phobia
foco spotlight
fondo stage rear; background, back; **en el __** in the back of the room; down deep; **por el __** from the rear, through the rear

forcejear to struggle
forma form; method
formación background, training
formado formed; trained
formar to form; to train, educate
formulado stated
formular to formulate, state
foto *f.* picture, photo
fotografía photograph
fracasar to fail
fragmentario fragmentary
fragmento fragment
fragor *m.* noise, roar
francés *m.* French (language)
franquear to cross rapidly
frase *f.* phrase, sentence
frecuencia: con __ frequently
fregona scrubwoman
frenazo jamming of the brakes
frente *f.* forehead; **al __** straight ahead; **__ a** opposed to; **__ a __** face to face
frío cold(ly)
frontal frontal; **posición __** facing front
fruncir to frown; *See also* **cejas**
frutero fruit bowl or basket
fuera outside, out; **por ahí __** outside there
fuerte strong, loud
fuerza strength; **con __** strongly, loudly
fugaz fleeting, temporary
fulano (-a) *m. or f.* so-and-so; **Fulano de Tal** Mr. So-and-So
fumar to smoke
funcionar to function
furia fury
futuro future, future time

galaxia galaxy
gana desire; **de mala __** be-

grudgingly; **no tengo __s** I
don't feel like it

ganar to earn; to gain

gastado worn out; antiquated

gemir (i) to groan

generoso generous

gente *f.* people

gesto gesture

gigante *m.* giant

girar to turn

glorieta square, traffic circle

gobierno government

golfa tramp; prostitute

golfo bum

golpe *m.* blow; **de __** suddenly

golpear to pound with fist; to
strike, hit, beat on

golpecito tapping, light knock

gracia: tener __ to be funny

gracias thank you

gracioso funny

grado: en alto __ especially
(interesting)

grande (gran) big, large; great

granuja rascal

grato pleasing, pleasant

grave serious(ly)

gravedad seriousness; **con __**
seriously

gritar to shout, cry out

grito shout

grueso thick, big

grupo group

guardar to put away, save, keep;
guardárselo to put in pocket,
put away; **__ silencio** to keep
silent

guardia *m.* policeman

guerra war; **la __ civil** the Civil
War (1936-1939)

guisar to cook

¡gusano...! you filthy...!

gustar to please, like

gusto pleasure; **con mucho __**
with pleasure, gladly; **si es tu
__** if it is what you want

haber *aux.* to have; to be *(imp.)*;
hay there is, there are; **hay
que** + *inf.* one must, one
should; you must, you should;
we must, we should; **__ de** +
inf. should, must, have to, be
to; **hubo** there was; **¿qué hay?**
how are things?

habitación room

habitante *m.* inhabitant

hablar to speak, talk; **de __** of
speaking; **__ bien de** to praise

hacer to do; to make; **hazlo ya**
do it now

hacia toward; **__ delante** forward; **__ fuera** outside

¡hale! *interj.* get going!

hallar to find; **__se** to be, be
found

hamartia flaw (of the tragic
hero)

hambre *f.* hunger

hambriento hungry; *n.* hungry
person

harto: estoy __ I am fed up

hasta up to; until; **__ ahora** see
you later; **__ luego** so long,
see you soon

hay (from **haber**) there is, there
are

hazlo *See* **hacer**

hecho *p.p. of* **hacer**

helado frozen

herencia heredity

herir (ie, i) to hurt, wound

hermanita little sister

hermano brother
hermoso beautiful
hijo son
hilo thread
hipocresía hypocrisy
hipócrita *m. or f.* hypocrite
historia story; case history
hoja page; **pasar __s** to turn pages
hojear to turn pages; to glance at; to leaf through
hola hello
hombre *m.* man
hombrecillo little man (sarcastic)
hombrecito little man
hombro shoulder
hongo derby
honrado upright
hora hour; time; **ya es la __** it is time now
hormiga ant
horriblemente horribly
hoy today; **__ mismo** just today; **ya __** nowadays
hubieron (from **haber**) **__ de aprenderlo** they had to learn it
hubo *See* **haber**
hucha money box
hueso bone
huevo egg
humano human
humedecer to moisten
humilde humble
humillante humiliating
hurtadillas: mirar a __ to steal a glance
husmear to put one's nose into
¡huy! *interj.* expression of amazement

identificar to indentify
idéntico identical
identidad identity
idiota *m. or f.* idiot
ignominia terrible thing
ignorancia unknown
ignorar to be ignorant of, not know
igual the same; **__ que un niño** just as a child
igualmente similarly, the same way
iluminación lighting
iluminado illuminated; spotlighted
iluminar to light up; **__se** to be illuminated
ilusión illusion
iluso deluded, dreamer
ilusorio illusory, deceptive, imaginary
ilustrado illustrated
ilustre illustrious, famous
imagen *f.* image, picture
imaginar to imagine
imbécil *m. or f.* imbecile, fool
imitar to imitate
impaciente impatiently
impedir (i) to stop, prevent
imperio empire
imperturbable imperturbable, calm
imploración cry of supplication
imponer to impose
importancia importance, **no tuvo __** it didn't matter; **sin__** unimportant
importar to matter, be important; to concern; **__le a uno** to mind, matter to someone
imposible impossible
impotencia impotence; **gesto de __** helpless gesture
impreciso imprecise, indefinite

imprenta printing office; **pruebas de __** page proofs, galley proofs

imprescindible essential, indispensable

impuro impure

inalcanzable unattainable

inanimado lifeless

incendio fire, burning

incesante constantly

incierto uncertain

incitar to instigate, spur on

inclinarse to bow, bend over; to slump

incluido including

incluir to include

incluso even

incoherencia nonsense

incómodo uncomfortable

incomprensible incomprehensible

inconteniblemente uncontrollably

inconveniente m. objection; disadvantage

incorporarse to straighten up, stand straight

incredulidad incredulity

incrédulo incredulous(ly)

inculcar to inculcate, impress upon one's mind

indeciso hesitantly, indecisive

indicar to indicate; to motion to

indiferencia indifference

individuo individual

ineludible unavoidable

inequívoco unmistakable

inesperado unexpected

inexpresivamente with a blank stare

inexpresivo expressionless

infanta princess

inferior lower

inferir (ie, i) to infer, be deduced

infinito infinite

informar to inform

infundio crazy story

iniciar to start

injusticia injustice

inmediatamente immediately

inmensidad immensity, vastness

inmenso immense, tremendous

inmóvil motionless

inmutarse to get upset; to change the expression on one's face

innumerable countless

inocencia innocence

inquieto upset, disturbed

inquietud f. uneasiness, restlessness

inseguro insecure, unsure

insensato crazy

insidia provocation

insignificante insignificant, unimportant

insistencia insistence, persistance

insondable unfathomable; **una pregunta __** a question without an answer

insoportable unbearable

instalado located

instalar to install

instante m. instant, moment

instintivamente instinctively

insultar to insult

insulto insult

insustituible indispensable

intensidad intensity

intenso intense

intentar to try

interés m. interest; **con vivo __** very interested

interesado interested; selfish; n. interested party

interesante interesting

interesar to interest

interminable unending
interpelar to address emphatically
interrumpir to interrupt; to stop; __se to stop
intervención: por orden de __ in order of appearance
intervenir (ie) to intervene; __ **en el negocio** to have a say in business matters
intimidad intimacy
íntimo intimate(ly)
intrigado fascinated
intrigar to intrigue
inundar to inundate
inútil useless, waste of time
invadir to invade
invención invention
inventar to invent, come up with, make something up; **no vuelvas a __** don't make up stories again
investigación investigation
investigador m. investigator, researcher
invitar to invite
involuntario involuntary
ir to go, go on; to be; __ **de casa** to leave home; __**se** to go away, leave; **¿cómo le va?** how are you?; **vámonos** let's go; **¿vamos?** shall we go?; **vamos** let's go; **vete** go away
ira rage
iracundo angry
ironía irony; **con __** ironically
irónico ironic; ironically
irrealidad unreality
irrecuperable not recoverable, irretrievable
irreprochable blameless

irritación irritation
irritado irritated; annoyed
irritar to irritate, annoy; __**se** to get angry, get upset
izquierda left hand; left side
izquierdo left

jadeante panting
jarra water pitcher
¡je! interj. ha!
jefe m. boss, head
jersey m. sweater
¡ji, ji! hee, hee!
joven young; n. young man
jovencito a little young man
juego game; __ **de muchachos** children's game
jueves m. Thursday; **los __** on Thursdays
juez m. judge
jugar to play, play around
juguetear to play, toy with
juicio judgment; **a nuestro __** in our opinion
junto near; __ **a** by, beside; __**s** together
jurar to swear
justificar to justify
justo right
juzgar to judge; __ **mal** to misjudge

labio lip
labor f. work
ladera slope
lado side; **al __** at (her, his, etc.) side, close to (her, etc.); **a todos __s** all around; **por otro __** some other way; **por todos __s** all around
ladrón m. thief

lámina picture
lanzar to cast (a glance)
lápiz *m.* pencil
largo long
las que those which
lástima pity
lastimero pitiful
lateral *m.* side exit or wing (of stage)
lavadora washing machine
lectura reading
leche *f.* milk
leer to read
legalizarse to become legal
lejanía distance
lejano distant, far off; lejanísimo very far off
lengua language
lenguaje *m.* language; ¡qué __! what a way to talk!
lentitud slowness
lento slow(ly)
levantar to lift, raise; __se to get up
leve slight, light
léxico vocabulary
ley *f.* law
librar to free, spare
libre free, open
libreto manuscript
libro book; algún __ some book
ligereza fickleness, indiscretion
limitar to limit, confine
limpiamente cleanly
limpiar to clean
lindo pretty
listo ready
literariamente in the literary field
literario literary
lividez *f.* lividness
lívido livid, pale

lo it, him, you; __ de the business of, the matter of; __ del the one about; los del the ones of; __ generoso how generous
localización location
loco crazy, mad; *n.* madman
locomoción transportation
locomotora engine
locura madness, insanity
lógica logic
lograr to succeed in, achieve; to manage to
luces *f. pl. See* luz
lucidez *f.* lucidity
lúcido lucid, clear
lucha fight, battle; la __ por la vida the struggle for survival
luchar to fight
luego then, later; desde __ of course; hasta __ see you later
lugar *m.* place
lumbre *f.* fire
luminoso luminous
luna moon; round wall mirror
lupa magnifying glass
luto mourning; de __ in mourning
luz *f.* light

llamada cry
llamar to call; to knock; to ring; __ la atención to attract one's attention; __se to be called
llanto weeping
llanura plain
llave *f.* key
llegada arrival
llegar to arrive, reach, get there; to draw near; __ a to get to, come to, go
llenar to fill

lleno full

llevar to take, bring, carry; to wear; to lead; __se to take, take away, raise

llorar to cry, **a punto de** __ on the verge of tears

lloroso in tears

madre *f.* mother

mal badly, wrong; **hacer** __ to do wrong, be wrong; **menos** __ it's a good thing; *n. m.* evil

maleta suitcase

malo bad

mamá mother

mancha spot, stain

manchar to stain; to tarnish

mandar to send; to order, command

mandato command

manera way, manner; **de ninguna** __ not at all

manía obsession, crazy desire, fixation, silly idea

maniobra maneuver

mano *f.* hand

manosear to handle

mantener (ie) to maintain, keep, support

manzana apple

mañana tomorrow; morning; **desde** __ **mismo** from tomorrow on; **pasado** __ day after tomorrow

máquina typewriter; train; __ **de escribir** typewriter

marcha departure; **en** __ marching, walking; **iniciar la** __ to start to walk

marcharse to leave, go away

marchito listless

maricón queer; __ **el último** the last one there is a queer

marido husband

más more; most; anymore; **no...** __**que** only

masculino male

matar to kill

materia material

matrimonio marriage

mayor greater, greatest; older, oldest; larger, largest; **el** __ the oldest, the largest

mayúsculo awful; tremendous

mazo bunch, stack

mecanógrafa typist

mediante by means of

médico doctor

medio half; low; *n.* means

medroso scared, timid

mejor better, best; **a lo** __ probably, maybe; **es de lo** __ he is the best; **lo** __ **posible** in the best possible way

mejorar to improve

melancólico sad

membrete *m.* letterhead

memoria memory

mencionar to mention

menear to shake

menos less, least, except; **al** __ at least; **lo de** __ the least of it; __ **mal** it's a good thing; **por lo** __ at least

mensaje *m.* message

mente *f.* mind, imagination

mentir (ie, i) to lie

mentira lie, illusion

menudo small; **a** __ often

meñique *m.* little finger

merecer to deserve

merendar (ie) to eat an afternoon snack

merienda *f.* afternoon snack

mes *m.* month

mesa table; __ **de despacho** office desk

mesita small table

meter to put; to put in; __**se** to go in, get in; **metido en** mixed up in

método instruction manual

metro meter

mezcla mixture

mezclar to mix

mezclilla light tweed

mezquindad meanness, wickedness

micrófono receiver, mouthpiece (of telephone)

miedo fear; **tener** __ to be afraid

mientras while; as long as

mil *m.* a thousand; __**es** thousands

millón *m.* million

mimar el ademán to go through the gestures

ministerio ministry

minuto minute

mirada look, stare

mirado cautious; picky

mirar to look at, look; __ **bien** to take a good look; __ **fijamente** to stare

miseria misfortune; poverty

mismo itself; same; very; **ni a ti** __ nor yourself; **tú** __ you yourself

Misterio Mystery; __ **de Elche** medieval Assumption play performed annually in Valencia on Aug. 15

misterioso mysterious

mitad *f.* half; **a la** __ halfway through

modo manner, way; **a su** __ in his own way; **de otro** __ something else; **de todos** __**s** anyway

mojar to dunk

molestar to trouble, bother

molesto annoyed

molino windmill

momento moment

monicaco dummy, fool

monigote *m.* paper doll; __**s de papel** paper dolls (also implies grotesqueness)

montar to get on

montón *m.* pile

monumento monument

morder (ue) to bite

morir (ue) to die

mostrar (ue) to show, indicate

motivo reason, **tener sus** __**s** to have its reasons, be relevant

mover (ue) to move

movimiento movement, gesture

muchacho boy, child; __**s** children

mucho much, plenty, a lot of; often; __ **antes** a long time ago

mudo silent, soft, muffled

mueble *m.* furniture, piece of furniture

muerte *f.* death

muerto dead; __ **de risa** overcome with laughter

mujer *f.* woman; wife; ¡**mujer!** oh, come now!

mundo world; **cómo era el** __

what the world was like; **todo el __** everybody

muñeca wrist

muñeco doll

murmullo murmur, murmuring; the words

murmurar to murmur; to gossip

muro wall

musitar to mumble; to be pensive

muy very

nación nation, country

nada nothing; anything; **de __** you're welcome, it was nothing at all; *n.* nothingness

nadie no one, nobody; anyone

naturalmente naturally, of course

necesario necessary

necesidad need

necesitar to need

negación denial; cry of "no, no!"

negar (ie) to deny; to say "no"

negativa denial; cry of "no, no!"

negocio business, business deal

nena baby, child

nervio nerve

nervioso nervous(ly)

neurótico neurotic

nevera refrigerator

ni nor, neither; even

ninguna (ningún) no, not any, none, no one

niña little girl; **de muy __** when I was a very little girl

niñez *f.* childhood

niño little boy, child; **de __s** as children

nítido clear

nivel *m.* level

noche *f.* night, evening; **esta __** tonight; **por la __** at night

nombrado appointed

nombrar to mention; to appoint

nombre *m.* name

normalizarse to become normal

nosotros we, us

notable remarkable, prominent

notablemente considerably, prominently

notar to notice

noticias news

novela novel

novia girl friend; sweetheart; **novios** sweethearts, lovers

nuestro our

nuevo new; **de __** again; **Nueva Literatura** New Literature

número number

numeroso numerous

nunca never

o either; **__...__** either...or

obra work; dramatic work; **a las __s** to his job

observable observable, noticeable

observado observed

observar to observe, watch

obsesionar to obsess

obsesivamente obsessively

obstruir to obstruct

octubre *m.* October

ocultar to hide

oculto concealed

ocupante *m.* occupant

ocupar to occupy; **__ una silla** to take a chair; **__se de** to pay attention to

ocurrir to occur, happen; **ocurrísele a uno** to come to one's mind, occur to one

ofender to offend
oferta offer
oficina óffice
oír to hear; to listen; **oye** listen
ojeada glance
ojo eye; __s **enigmáticos** an enigmatic expression
olvidado forgotten
olvidar to forget
opinar to think, be of the opinion
oponerse to argue, oppose
oportunidad opportunity
oprimir to press; __se **las manos** to wring one's hands
opulento: está opulenta is well-endowed
orden *f.* order, command; **a sus órdenes** at your service
ordenar to order; to arrange
orgullo pride
orgulloso proud; **un** __ a proud one
oro gold
os you; to you
oscilación oscillation
oscilante oscillating
oscilar to oscillate
oscuridad darkness; obscurity; __ **total** blackout, total darkness
oscuro obscure; dark; gloomy
ostentar to show off
otro other, another; __s **tantos** a few others

paciencia patience
padre *m.* father; __s parents, mother and father
pagar to pay, pay for; __ **el plazo** to pay the installment
país *m.* country

palabra word; **medias** __s insinuations; **sin decir** __ without saying a word
pálido pale
palma palm
palmada slap
palmadita pat; **le da** __s he pats
palmearse to pat one another on the shoulders
pan *m.* bread
pantalón *m.* trouser
paño cloth; flat (of a stage set); **el** __ **derecho del fondo** the right back wall
papel *m.* paper, sheet of paper; role (in a play)
papelito small piece of paper
paquete *m.* package
paquetito little package
par *m.* pair, couple
para for, to, in order to; toward; __ **que** so that, in order that; ¿__ **qué?** what for?
parado stopped; standing
paralizar to paralyze
parar to stop
parecer to seem, appear; to look like
parecido similar
pared *f.* wall
pareja pair, team, couple; partner
parpadear to blink
parroquia parish
parte *f.* section, part
participio pasivo past participle
particular private
partida: punto de __ point of departure
partir to break, cut; to leave
pasado past; last

pasaje *m.* passage

pasar to pass, pass by; to happen; to send; to come in; to turn (pages); to spend; __ **a la imprenta** to go to the printer's; **pasa, pasa** come in, come in; **¿qué te pasa?** what's wrong?

pasatiempo pastime

pasear to walk back and forth; to take a walk

paseos going back and forth; **termina sus** __ finishes her going back and forth

pasillo corridor, passage, hallway

paso step; **dar unos __s** to take a few steps

pastel *m.* pastry

paulatinamente gradually

pausa pause

pausado slow

pecho breast

pedir (i) to ask, ask for

peinado hairdo

peldaño step

peligro danger

peligroso dangerous

pellejo: viejo __ silly old fool

pena pity; __ **de muerte** death penalty

pendiente pending; __ **de** paying close attention to

pensamiento thought

pensar (ie) to think, wonder; __ **en** to think about

pensativo thoughtful, pensive

pensión boardinghouse

penumbra semidarkness

pequeño small, little

percibido perceived, detected

percibir to perceive, detect, be aware of

perder (ie) to lose; to miss; to fade away

perdido lost; **se pone** __ he makes a mess

perdón *m.* pardon, forgiveness

perdonar to pardon, forgive; **perdona** I'm sorry; excuse me

perfil *m.* profile; **de** __ in profile

peripecia reversal of the situation, change of fortune (in dramatic action)

perjudicar to harm

permanecer to remain, stay

permiso permission; **con su** __ excuse me, if you don't mind

permitir to permit

pero but

perpetrar to perpetrate

perplejo perplexed, worried

persona person; **en otra** __ for someone else

personaje *m.* character

personal *m.* staff, personnel

personalidad personality; individual

perspectiva prospect, perspective

persuasivo convincing

pertenecer to belong

pesado tiresome; annoying

pesar to weigh; *n.* grief, sorrow; **a** __ **de** in spite of

peseta Spanish monetary unit

pestillo door latch, bolt

petición request

pie *m.* foot; **en** __ standing

piedad pity; **por** __ out of pity; **¡por** __! for God's sake! **ten** __ have pity

pierna leg

pintar to paint

pintura painting

pisar to step on
piso apartment
pisotear to trample upon
pitar to whistle
pitillo cigarette
pizca little bit
planeta *m.* planet
plástico visual
plaza square; __ **de la Ópera** Opera Square
plazo *See* **pagar**
pleno full, fully
pobre poor; **el** __ the poor boy
pobreza poverty; **con** __ poorly, shabbily
poco little; __ **a** __ little by little; **unos** __s a few
poder (ue) to be able; can; may; **puede que** perhaps; **puede ser** maybe; *n.* power
podre *m. or f.* pus
político political; *n.* politician
poner to put, place; to put on; __se to become; __se **a** + *inf.* to begin to + *v.*
por by, along, for, through, because of, on account of, on; out of; __ **lo de** because of; __ **si** in case
porque because
¿**por qué**? why?
portarse to behave
porvenir *m.* future
posible possible
posición frontal front part of the stage
postal *f.* postcard
postura position, posture
pozo pit
practicando making
precario: en __ doubtful

precedente previous
preceder to precede
precipicio chasm, edge of the cliff
precisamente precisely; just at this moment
precisarse to become fixed
predisposición predisposition; prejudice
preferible preferable
preferir (ie, i) to prefer, like best
pregunta question; **hacer una** __ to ask a question
preguntar to ask, ask questions, inquire; __se to wonder
prejuicio prejudice
premeditado premeditated
preocupación worry, concern
preocuparse to worry
presencia presence, figure
presenciar to attend; to witness
presentar to present, introduce; __se to appear
presente present; *n.* present
presentimiento presentiment, premonition
preservar to preserve
presuroso quick(ly)
pretender to pretend, aspire; to drive at
previamente previously
primero (primer) first
principio beginning; **al** __ in the beginning, at first
prisa hurry; **no tengas tanta** __ don't be in such a hurry
pro: en __ in favor
probar (ue) to test, prove
problema *m.* problem
procedente coming, proceeding from; __s **de** coming through
procurar to try

prodigio miracle, marvel
proferir (ie, i) to utter
profesional professional
profeta *m.* prophet
programa *m.* program
prohibir to prohibit, forbid
prometer to promise; ¡**prometido!**
I promise!
promover (ue) to promote
pronóstico forecast
pronto soon, ready; **de __** suddenly; **por lo __** for the time being
propio proper; own; **__ de** belonging to, appropriate to
proponer to propose, suggest
proposición proposition; proposal; **__ de matrimonio** marriage proposal
propósito intention, purpose
prosperar to thrive, get along well, prosper
prostituta prostitute
proteger to protect, provide for, take responsibility for
próximo next, nearby
proyectar to project
proyector *m.* projector
prueba test; **__s** proofs; **__s de imprenta** page or galley proofs
publicar to publish
público public
pueblo village; home town
puerta door; **en __s** pending; **__ de entrada** main entrance
pues because, for; then; well
puesto job; **__ que** since
punto point; **__ de vista** point of view
puñalada stab

puño fist
puro pure

que *conj.* that, for, because; so that; ¿**a __...?** what do you want to bet that...? ¿**a __ sí?** what do you want to bet she does? ¡**a __ ...!** I'll bet...!; **es __** the fact is that; *pro.* who, which, that which; **el __** what; **lo __** what, whatever; *adv.* than, as, but
qué what?, what a?, how?; ¿**el __?** what?; ¿**para __?** why?, what for?
quebrado broken
quebrar (ie) to break
quedar to remain, be left; to be; **__ en** to agree; **__se** to remain, become, stay
quedo softly
quejarse to complain
querer (ie) to wish, want, like; to love; ¿**quieres?** will you?; **__ decir** to mean
¡**quia!** not on your life!; well!
quicio doorjamb
quien who, whom, the one who
¿**quién?** who?; ¿**de quién?** whose?
quieto calm; ¡**quieto!** take it easy!
quinientos five hundred
¡**quita!** stop it!, get away!
quitar to take out, remove
quizá perhaps

radiante radiant
ráfaga flash, gleam, wave

rama branch
rapidez *f.* swiftness
rápido fast, rapidly, quickly; **con __ paso** quickly
rareza peculiarity, strange way
rasgar to tear
rato while, moment; **dentro de un __** in a short while; **mucho __** very long
razón *f.* reason; **tener __** to be right
reacción reaction
reaccionar to react, give a start; **¡reacciona!** come to your senses!
readmitir to readmit, hire again
real real, true
realidad reality, fact; **en __** really
realizar to execute, accomplish; **al __** on carrying out
reanudar to resume
reaparecer to reappear
reasumir to reassume
receta prescription
reciente recent
reclinar to lean; to lay
recoger to get, collect; to pick up
recogido picked up
recomendar (**ie**) to recommend, signal (by gesture)
reconocer to recognize; to admit, acknowledge
reconstruir to reconstruct
recordar (**ue**) to remind; to remember
recortado cut out
recortar to cut out; **su __** his cutting out
recorte *m.* cutting, clipping
recostar (**ue**) to lean, lean back

rectángulo rectangle
rectitud integrity, honesty
recto upright, honest; **ángulo __** right angle
recuerdo remembrance, memory
recuperar to pick up, recover
recurso recourse, technique; **un __ muy gastado** a worn out, trite technique
rechazar to reject; **__ el bocado** to spit out the mouthful
redomado crafty, sly
referir (**ie, i**) to refer
reflejo reflex
reflexionar to think (it over)
refugiarse to take refuge, hide
regalar to give (a gift)
regalo gift
rehuir to avoid
rehusar to refuse
reír (**i**) to laugh
reiteradamente repeatedly
reja grating, grille; bars
relación connection, relation
relacionado related to
relacionarse to be related
relamer to lick one's lips
relampagueo flashing
relativamente relatively
reloj *m.* watch
remediar to remedy, make up for
remedio remedy; way out; **hay __** there is a way out; **si no hay otro __** if there is no alternative
rememorar to remember
remolcar to tug at
remoto distant, far off
rendimiento: a __ mínimo with

a minimum effort; slow motion

reorganización reorganization

reparar to notice, watch out

reparto cast (of a play)

repasar to check, look over

repeler to repulse

repentino sudden

repetir (i) to repeat

repleto loaded, full

representar to represent; to look

reprimir to suppress

reprochar to reproach, hold against

repugnante disgusting, dirty

repugnar to be repugnant to, disgust

rescatado recovered

rescatar to recover; to pull out; to reclaim

resignar to resign

resistencia resistance

resistir to stand, endure; __se to offer resistance

resollar (ue) to breathe in relief

respetuosamente respectfully

responder to answer, reply, respond; **sin** __ without answering

responsabilidad responsibility

respuesta answer

restablecer to restore, recover

restar to remain

restaurante m. restaurant

resto rest, remainder

resultar to turn out; to be

retener (ie) to hold back

retirar to go out; to take away; __se to go away, leave

retorcer (ue) to twist; __ **las manos** to wring one's hands

retratar to take a picture

retrato picture, portrait

retrete m. toilet

retroceder to move backward

reunir to collect, gather; __se to join, meet

revelación revelation

revelar to reveal

revista magazine, journal

revivir to relive

revolver (ue) to stir up; to move around

rico rich; tasty

ridículo ridiculous

rigor rigor, sternness; **con** __ sternly

rimero pile

rincón m. corner, nook

riña quarrel

risa laughter; **entre** __s while they laughed; **qué** __ what a laugh

risueño pleasant, cheerful; smiling

ritmo rhythm; speed

rito rite, ceremony

rodeado surrounded by

rojo red; red with rage

romanticismo romanticism

romper to break, smash; to rip, tear; __ **a llorar** to burst into tears

roñoso dirty, dingy

ropa clothes

roto broken; torn-up

ruego request

ruido noise

rumor m. sound, noise

rutinariamente routinely

saber to know, know how; **no lo sé** I don't know; **que yo sepa**

as far as I know; **supe** I
learned; *n.* knowledge
sacar to take out
saco bag; **del __** with the bag
sal *See* **salir**
sala room; auditorium; **__ de
espera** waiting room
salida exit; way out
salir to go out, exit, leave, come
out; **me ha salido bien** the re-
sult has been good, it has
turned out well; **__ adelante**
to get ahead; **sal** get out
saludar to greet, say hello; to bow
saludable healthy
salvar to save
salvo except
saquito small bag
sarcástico sarcastic
satisfecho satisfied
sé *See* **saber**
seco dry(ly); **en __** suddenly,
abruptly
secretaria secretary
secretario administrative assistant
secreto secret
seguida: en __ at once, right
away
seguir (i) to continue, go on; to
be; to follow; **seguido de** fol-
lowed by
según according to
segundo second
seguro confident, sure, certain;
__, hijo I am sure of it, my
child
seleccionar to select, choose
semana week
semisótano basement apartment
sencillo simple

sendos one each; **__ focos** their
respective spotlights
senil senile
sensato sensible
sensible sensitive
sentado seated
sentarse (ie) to sit down
sentido sense; meaning; **tiene __**
makes sense, has some mean-
ing
sentir (ie, i) to be sorry; to feel
señalar to point to, at
señor *m.* gentleman; sir; Mr.
señora wife; woman; madam;
Mrs.
señorita young lady, Miss
señorito boy; (ironically) you
good for nothing; sir
sepa *See* **saber**
separar to separate; to extract
ser to be; **de no __ así** if it were
not so; **es que** it's just that; the
fact is; you mean; in fact; **o lo
que sean** or whatever; **sea**
rather, maybe; *n.* human
being, person
serenarse to become calm
serie *f.* series
serio serious(ly); **en __** seriously
servicio service
servir (i) to serve; **__ de** to serve
as
setenta seventy
si if; whether or not; but
sí yes; indeed, certainly; **¿A que
__?** Bet she does?; **para __** to
himself; **¿que __ o que no?**
yes or no?; **yo, __** I do
siempre always; **para __** forever
sigilo caution; **con __** cautiously
siglo century; **hace __s** centuries

ago; __ **veinte** twentieth century; __ **veintidós** twenty-second century
significar to mean
siguiente following
silencio silence; **en** __ silently; **un** __ a moment of silence
silla chair
sillón *m.* armchair
simbolizar to symbolize
simpático appealing, pleasant
simplemente simply; that's all
simultáneamente simultaneously
sin without
sincero sincere, frank
singular individual; unusual
siniestro sinister; **juego** __ dirty game
sino but, but rather; only
síntoma *m.* symptom
siquiera even; **ni** __ not even
sistema *m.* system
sitio place
situar to situate, place; __**se** to place oneself; to face
sobra left-over; **de** __ very well
sobrar to be more than enough; to be superfluous; **sobra tiempo** there is plenty of time
sobre on, upon, on top of; about; over, above; __ **todo** especially, above all
sobre *m.* envelope; pay envelope
sobrecogedor(a) startling, surprising
sobresaltarse to become startled
socarrón cunning; sly
sofá *m.* sofa
sofocar to suppress
solamente only
soldado soldier

soldadote (derogatory) damn soldier
solemnidad formality
soler (ue) + *inf.* to usually + *v.*; **solía decirse** they usually said
solo alone; single
sólo only
soltar (ue) to let go; ¡**suelta**! let me go!
soltero unmarried
solución solution
sollozar to sob
sombra shadow
sombrío somber, gloomy
sonar (ue) to ring; to blow its whistle
sonido sound
sonreir (i) to smile
sonriente smiling
sonrisa smile
soñado dreamed
soñar (ue) to dream
soportar to suffer; to endure
sorbo sip
sordamente softly
sordo deaf
sorna scorn
sorprendente surprising
sorprendido surprised
sorpresa surprise
sospechar to suspect
sostener to support, hold up; to maintain
sótano basement
suave soft, gentle, calm; softly
subdesarrollado underdeveloped
subir to go up, rise; to get on, in (a vehicle)
súbito sudden, quick
subrayado underlined
suceder to happen, take place

sucedido: lo __ what happened

sucesivo successive, following

suceso event, happening, incident

sucumbir to succumb

sueldo salary

suelo floor

sueño dream

suerte *f.* luck; **si hay __** if he is lucky

sufrir to suffer

sujetar to hold back, hold down, hold on to

sujeto subdued, tied down

supe *See* saber

súplica supplication

suplicar to beg

suponer to suppose; to assume; **suponte** just suppose

supuesto: por __ of course

suscitar to evoke

suspicaz suspicious

suspirar to sigh

sustantivo noun

sustituir to substitute

susurrar to whisper

suyo of his, of hers, of yours, of theirs, etc.

tabaco cigarettes

tachar to cross out

tal such a, such; so, as; **¿qué __ te va?** how are things with you?

talento talent

también also

tampoco not even; neither; either

tan so

tanto *adj.* as (so) much; *pl.* so many; *adv.* so, so much so, in such a manner; **de __ en __**

from time to time; __ **como** as much as; **entre __** meanwhile, in the meantime; **por lo __** therefore; __ **más...cuanto más** the more...the more; __... **como** both...and; **un __** a little

tapar to cover, put a hand over

tardar to take long, delay, be late, take; **¡no tardo nada!** I'll be right back!; __ **en** + *inf.* to take a long time to; __ **un minuto** to take a minute to appear

tarde late; **se les hace __** it's getting late for them; **se me ha hecho tardísimo** it has gotten very late; *n.* afternoon, evening; **buenas __s** good afternoon, or good evening

tarea task

tarjeta card

tartana covered wagon

tazón *m.* large coffee cup

teclear to type

tecleo typing

techumbre *f.* ceiling; rooftop

teléfono telephone; **al __** on the telephone

televisión television set

televisor *m.* television set

telón *m.* stage curtain

tema *m.* theme

temblar (ie) to tremble

tembloroso trembling

temer to be afraid

temor *m.* fear

temprano early

tenaz strong, intense

tender (ie) to offer

tener (ie) to have; __...**años** to be...years old; __ **en cuenta** to keep in mind; __lugar to take place; __que ver con to have to do with; __ que + *inf.* to have to + *v.*, must be; tenga here; take this

teoría theory

tercero (tercer) third

tercio third; el __ izquierdo the left third

terminante definitely, precise

terminar to finish, end; __ con to put an end to

término: primer __ downstage, forestage, foreground; primer __ derecho front stage right

ternura tenderness; con __ tenderly

terraza sidewalk cafe; __ de un café outdoor terrace of a café

terrón *m.* lump of sugar

testigo witness

texto book; text

ti you

tía aunt

tiempo time, tense; a __ on time; al __ at the same time; al __ que at the same time that; en nuestro __ in our times; __ de muchachos boyhood; hace __ a long time ago; mucho __ a long time

tijera(s) scissors

timbrazo sound of doorbell

timbre *m.* bell; __ de la casa doorbell

tímido timid(ly)

tinto red wine

tirano tyrant

tirar to throw (away); __ de to pull on

tirón *m.* pull, jerk

tironcito little pull or jerk

titubear to hesitate

tocar to touch

todavía yet, still; __ no not yet

todo all, everything; del __ completely; __s all of them, everybody; __s los meses every month

tolerar to tolerate

tomar to take; to pick up; to drink, eat; toma take this, here, take

tono tone (of voice)

tontería(s) nonsense

tonto foolish, stupid; *n.* fool; ¡tonto! you silly fool!

tópico commonplace thing, cliché

tornar to return; __ a + *inf.* to ...again

torpe stupid

torpeza stupidity

torturar to torture

tosco rough, unpolished, uncouth, crude

totalidad totality

trabajar to work

trabajillo little job

trabajo work

traducción translation

traer to bring, carry; trae let me have it

tragaluz skylight; basement window

traje *m.* suit

tranquilidad peace and quiet, tranquility; para tu __ to ease your conscience

tranquilito very calmly

tranquilizado calmed, reassured

tranquilo calm; easy; take it easy

transmitir to show (on television)

transporte *m.* means of transportation

trapacería swindle, shady deal

tras after; behind

trasladar to transmit

traspapelarse to be mislaid

trasponer to disappear behind

trastorno disturbance, break-down

tratar to treat, deal with; __ **de** to try; __ **se de** to concern, be about

treinta thirty

tremendo terrible, tremendous

trémulo trembling

tren *m.* train; **al** __ on the train; __ **de vida** pace of life

triángulo triangle

triple *m.* three times

triste sad(ly)

tristeza sadness

tristísimo very sad

triunfar to triumph

trivial unconcerned

trivialidad triviality; triteness

tropa crowd

tropezar (**ie**) to come upon, come across, meet

trozo piece

trufar to overload, stuff

truncado truncated

turbado disturbed, troubled

turbarse to be disturbed; to be embarrassed

turno turn

tuyo of yours

últimamente lately; recently

último last, ultimate; **en esta última** in this last one

único only, unique; **lo** __ the only thing

unirse to be joined

uno one; **el** __ **del otro** about each other; __**s a** few, some, several, about; __**s pocos** some, several, a few

urgir to be urgent

usado worn-out

usar to use; __ **de** to make use of

uso use, custom; **un hombre al** __ the usual kind of man

útil useful

utilizar to use

vacilante undecided, hesitatingly

vacilar to hesitate

vacío empty, blank; **mirar al** __ to stare into space

vago hazy, vague

valer to be good, be worth

valioso valuable

valor *m.* value; __**es plásticos** visual values

vano vain

varios several

vasito little glass

vaso glass (drinking)

veces *See* **vez**

vecino neighbor

veinte twenty; twentieth

veinticinco twenty-five

vejez *f.* old age, senility

velador *m.* small round table

velar to look out for

velocidad speed

vencer to overcome

venir to come; __**se** to come here; **¿a qué vienes?** what are you here for? **ven acá** come here

venta sale; **el de más** __ the best seller

ventaja advantage

ventajoso advantageous

ventanilla window (of a vehicle)

ver to see

veras: de __ really

verdad truth, true; **de** __ really;

¿**verdad**? isn't it so?, isn't he? do you?

verdadero real, true; the true one

verde green; __ **manzana** apple green

vergüenza shame; ¿**no te da __**? aren't you ashamed?

vestido dressed

vestir (i) to dress

vetusto very old

vez *f.* time occasion; **alguna __** from time to time, sometimes; **a su __** at the same time; in turn; **cada __ más** more and more; **de __ en cuando** from time to time; **en __ de** instead of; **otra __** again; **tal __** perhaps; **una __** once; *pl.* **veces; a veces** at times

viajar to travel

viandante *m. or f.* stroller, passerby

vibrar to vibrate

vibrátil tremulous; vibrant

víctima *f.* victim

vida life

viejo old; *n.* old man

Viena Vienna

viernes *m.* Friday

vigente in force; **hay contratos __s** there are contracts in force

vigilar to watch, keep an eye on

vigoroso vigorous, sturdy

violencia violence

violento violent

visible seeable

visión vision, view, picture

visita visitor, visit; **ya es __ de la casa** she has already been to the house

vista sight, eyes; view; **alzar la** __ to look up; **levantar la __** to look up; **perder de __** to lose sight of; **punto de __** point of view

visualización visualization

visualizarse to be visualized

¡**viva**! long live!

vivamente quickly

vivienda dwelling

vivir to live

vivo live, alive; lively

voces *See* **voz**

volante *m.* steering wheel

volver (ue) to return, go back, come back; to turn; to make; **__ a + *inf.*** to do...again; **__ impreciso** to blur; **__se** to turn around; to become

vorazmente voraciously; passionately

vosotros you

voz *f.* voice; **a media __** in a low voice; *pl.* **voces**

vuelta turn; **__s** change (of money); **dar una __** to go out for a walk

vuestro your

vulgar ordinary, common

y and

ya already, now, later, soon; **__ no** no longer; **__ que** since; ¡**ya**! oh sure!

yergue *See* **erguir**

zaguán *m.* entrance hall, vestibule

zancadilla trickery

zapato shoe

zarandear to shake

zumba: con __ teasingly